Verträge im Filmgewerbe

insbesondere die Filmpacht, die Filmlizenz und der Filmserienvertrag

von

Dr. Otto Böhm,
Direktor der Hansa-Film-Verleih-Gesellschaft m. b. H.
Berlin.

Berlin und Leipzig 1919
Vereinigung wissenschaftlicher Verleger
Walter de Gruyter & Co.
vormals G. J. Göschen'sche Verlagshandlung — J. Guttentag, Verlagsbuchhandlung —
Georg Reimer — Karl J. Trübner — Veit & Comp.

Inhaltsverzeichnis.

Literaturverzeichnis.

Abel, Paul, Kinematographie und Urheberrecht. Wien 1914.

Achilles-Greiff, Bürgerliches Gesetzbuch, Kommentar. 8. Aufl. Berlin 1916.

Adler, E., Zivilrechtliche Erörterungen zum Patentregister. In Grünhuts Zeitschrift Bd. 27 S. 603 ff.

Allfeld, Kommentar zu den Reichsgesetzen über das gewerbliche Urheberrecht. München 1904.

Bürgerliches Gesetzbuch. Kommentar von Reichsgerichtsräten. Leipzig 1910.

Bertram, Alfred, Der Kinematograph in seinen Beziehungen zum Urheberrecht. München u. Leipzig 1914.

Breuer, Die rechtliche Natur der Patentlizenz. In „Gewerblicher Rechtsschutz und Urheberrecht" 17. Jahrg. 1912 S. 44—60, 86—99.

Cohn, Georg, Kinematographenrecht. Berlin 1909.

Crome, System des deutschen bürgerlichen Rechts. Tübingen u. Leipzig 1902.

Damme, Das deutsche Patentrecht. Berlin 1911.

Dernburg, Das bürgerliche Recht. Halle a. S. 1909.

Dernburg, Über das Rücktrittsrecht des Käufers wegen positiver Vertragsverletzungen. In der Deutschen Juristenzeitung 1903 S. 1 ff.

Endemann, Lehrbuch des bürgerlichen Rechts. Berlin 1903.

Engelke, Hans, Das Rücktrittsrecht des Gläubigers bei dem Sukzessivlieferungsvertrage. Diss. Greifswald 1913.

Fischer-Henle, Handausgabe des Bürgerlichen Gesetzbuchs. 8. Aufl. 1909.

Forch, Carl, Der Kinematograph und das sich bewegende Bild. — Geschichte und technische Entwicklung der Kinematographie bis zur Gegenwart. Wien u. Leipzig 1913.

Gareis, Patentrechtliche Entscheidungen.

Gekeler, Die rechtlichen Besonderheiten des Sukzessivlieferungsvertrages. Tübinger Diss. Stuttgart 1910.

Gierke, Deutsches Privatrecht. Leipzig 1895. Bd. 3. 1917.

Gierke, Dauernde Schuldverhältnisse. In Jherings Jahrbüchern Bd. 64 S. 355.

Hederich, Der Lizenzvertrag. Charlottenburg 1919.

Hellwig, Albert, Die Kinematographenzensur in Preußen. In der Deutschen Juristenzeitung 1912 S. 569.

Hellwig, Albert, Die maßgebenden Grundsätze für Verbote von Schundfilms nach geltendem und zukünftigem Recht. Im Verwaltungsarchiv. Berlin, Juni 1913, Karl Heymanns Verlag.

Hellwig, Albert, Rechtsquellen des öffentlichen Kinematographenrechts. M.-Gladbach 1913, Verlag der Lichtbilderei G. m. b. H.

Hellwig, Albert, Die Filmzensur. Eine rechtsdogmatische und rechtspolitische Erörterung. Berlin 1914.

Hesse, Die Verträge auf fortgesetzte Lieferungen nach dem Rechte des Bürgerlichen Gesetzbuchs. Diss. Marburg 1905.

Isay, Patentgesetz. Berlin 1903.

Jacobi, Julius, Zur Lehre vom Sukzessivlieferungsvertrage. In Gruchots Beiträgen Bd. 50 S. 230. Berlin 1906.

Kaiser, Das deutsche Patentgesetz v. 7. 4. 1891. Leipzig 1907.

Kent, Das Patentgesetz v. 7. 4. 1891, Kommentar. Berlin 1906.

Kloeppel, Der Lizenzvertrag. Leipziger Diss. 1896.

Klostermann, Die Patentgesetzgebung aller Länder. Berlin 1876.

Klostermann, Das Patentgesetz für das Deutsche Reich. Berlin 1877.

Klostermann im Handbuch des deutschen Handels-, See- und Wechselrechts, herausgegeben von Endemann, Bd. 2. Leipzig 1882.

Kohler, Deutsches Patentrecht. Mannheim u. Straßburg 1878.

Kohler, Handbuch des deutschen Patentrechts. Mannheim 1900.

Kohler, Studien zum Patentrecht. In Grünhuts Zeitschrift Bd. 25 S. 258.

Kohler, Zur Konstruktion des Urheberrechts. Im Archiv für bürgerliches Recht Bd. 10 S. 273.

Lehmann, Die positiven Vertragsverletzungen. Im Archiv für zivilistische Praxis Bd. 96 S. 91 ff.

Liesegang, F. Paul, Von der Camera ocscura bis zum Kinematographen. In „Bild und Film" Bd. 3 1913/14 S. 241.

Liesegang, F. Paul, Wer zählt die Namen. — Auch ein Beitrag zur Entwicklungsgeschichte des Kinematographen. In Eders Jahrbüchern für Photographie usw. 1914 S. 19.

Liesegang, F. Paul, Das lebende Lichtbild, Entwicklung, Wesen und Bedeutung des Kinematographen. Düsseldorf, Verlag Ed. Liesegang.

Makower, H., Handelsgesetzbuch mit Kommentar. 13. Aufl. Berlin 1906.

Martius, Über die rechtliche Natur der Lizenzerteilung durch den Patentinhaber. Greifswalder Diss. Berlin 1897.

May, Bruno, Das Recht des Kinematographen. Berlin 1912.

Mittelstein, Die Miete. Berlin 1909.

Müller, E., Der Sukzessivlieferungsvertrag. In Gruchots Beiträgen Bd. 50 S. 503 ff.

Munk, Die patentrechtliche Lizenz. Berlin 1897.

Munk, Die Ausnutzung einer fremden patentierten Erfindung in rechtlicher und wirtschaftlicher Beziehung. Im Jahrbuch der Internationalen Vereinigung für vergleichende Rechtswissenschaft 5. Jahrg. 1899 S. 112 ff. Berlin 1902.

Müller-Sanders, Die Kinematographenzensur in Preußen. Heidelberger Diss. 1912.

Oertmann, Paul, Bürgerliches Gesetzbuch, Recht der Schuldverhältnisse. 3./4. Aufl. Berlin 1910.

Planck, Kommentar zum Bürgerlichen Gesetzbuch. 4. Aufl. Berlin 1914.

Robolski, Theorie und Praxis des deutschen Patentrechts. Berlin 1890.

Rosenthal, Das deutsche Patentgesetz v. 25. 5. 1877. Erlangen 1881.

Savigny, Das Obligationsrecht. Berlin 1851.

Schütze, A., Kinematographisches Urheberrecht. Leipziger Diss. 1913.

Seligsohn, Patentgesetz und Gesetz betr. den Schutz von Gebrauchsmustern. 5. Aufl. Berlin 1912.

Siber, Die Theorie von Schuld und Haftung nach Reichsrecht. In Jherings Jahrbüchern Bd. 50 S. 55 ff.

Staub, Hermann, Die positiven Vertragsverletzungen. 2. Aufl. Berlin 1913.

Staubs Kommentar zum Handelsgesetzbuch. 9. Aufl. Berlin 1913.

v. Staudinger, J., Kommentar zum Bürgerlichen Gesetzbuch. 7./8. Aufl. München u. Berlin 1912.

Steinberger, Die Verträge auf dauernde Leistungen. Erlanger Diss. 1910.

Stenglein, Kommentar zu den strafrechtlichen Nebengesetzen des Deutschen Reiches. 4. Aufl. Berlin 1911.

Stobbe, Deutsches Privatrecht. 2. Aufl. Berlin.

Treitel, Rich., Urheberrecht und Kinematographie. In „Gewerblicher Rechtsschutz und Urheberrecht“ S. 123—129. Berlin 1912.

Werneburg, Zum Lizenzvertrag. In den Mitteilungen vom Verband deutscher Patentanwälte 16. Jahrg. S. 39 ff.

Werth, Hans, Öffentliches Kinematographenrecht. Erlanger Diss. 1910. Hannover 1911.

Windscheid-Kipp, Lehrbuch des Pandektenrechts. Frankfurt a. M. 1906.

Wodtke, Grundsätzliches zur Lizenzlehre. In „Gewerblicher Rechtsschutz und Urheberrecht“ Bd. 19 1914 S. 229 ff.

§ 1.

Einleitung.

Die Anfänge der Kinematographie reichen in die Mitte der neunziger Jahre des vergangenen Jahrhunderts zurück. Die ersten Versuche, das Leben und die Bewegung selbst auf dem Bilde festzuhalten, sind zwar bedeutend älter; von früheren Erfindern, die als Vorläufer der Kinematographie gelten können, abgesehen, seien hier nur der Deutsche Ottomar Anschütz, der Amerikaner Edison und der Franzose Lumière erwähnt[1]).

Erst als diesen verschiedenen Erfindungen, die zunächst nur wissenschaftlichen Arbeiten und Studien dienten oder für die Herstellung von Spielzeugen Anwendung fanden, die Benutzung der Projektion dienstbar gemacht wurde, so daß die beweglichen Bilder einer größeren Anzahl von Zuschauern zur gleichen Zeit vorgeführt werden konnten, erlangte die Filmdarstellung größere Bedeutung für die Allgemeinheit: die ersten öffentlichen Vorführungen lebender Bilder, die zunächst nur kurze und einfache Vorgänge darstellten und nur eine Programmnummer der Spezialitätenbühnen bildeten, erregten sofort allgemeines Aufsehen und Interesse, so unvollkommen sie auch im Vergleich zu den heutigen Leistungen waren. Bald ging man dazu über, ganze szenische Vorgänge auf den Zelluloidstreifen festzuhalten; sowohl in technischer als in künstlerischer Hinsicht folgte ein Fortschritt auf

---

[1]) Über die geschichtliche Entwicklung der Kinematographie vgl. u. a. Carl Forch, Der Kinematograph und das sich bewegende Bild; F. Paul Liesegang, Von der Camera obscura bis zum Kinematographen; „Bild und Film" Bd. 3 1913/14 S. 241; F. Paul Liesegang, Das lebende Lichtbild — Entwicklung, Wesen und Bedeutung des Kinematographen; F. Paul Liesegang, Wer zählt die Namen — in Eders Jahrb. f. Photographie usw. 1914 S. 19.

den anderen, und staunenswert war der Aufschwung, den die Kinematographie in kurzer Zeit in der ganzen Welt nahm. Großindustrielle Unternehmungen entstanden für die Herstellung von Films und Apparaten, zunächst in Frankreich, in Italien und Amerika, bald darauf auch in Deutschland, und bedeutende Kapitalien wurden darin angelegt; unzählige Lichtbildtheater, von den einfachsten und bescheidensten bis zu den prunkvollsten Kinopalästen eröffneten ihre Pforten der schaulustigen Menge nicht nur in den Großstädten, sondern auch in den entlegensten Ortschaften; Filmverleihanstalten mit ausgedehntem Geschäftsbetrieb und weitverzweigter Organisation wurden zur Versorgung der Kinotheater mit Filmprogrammen gegründet, kurz es entstand eine Industrie, in der viele lohnende Beschäftigung gefunden haben und die für die Volkswirtschaft von immer größerer Bedeutung geworden ist [1]).

Erster Abschnitt.

Rechtsfragen in der Kinematographie.

§ 2.

Allgemeines.

Daß bei einer so gewaltigen Entwicklung einer neuartigen und vielseitigen Industrie Konflikte zwischen den oft widerstrebenden Interessen nicht ausbleiben konnten, und daß die mannigfaltigsten Rechtsfragen auftauchten, ist nicht zu verwundern.

Vor allen Dingen waren es urheberrechtliche Fragen, die geregelt werden mußten; und dies geschah durch die revidierte Berner Übereinkunft zum Schutze von Werken der Literatur und Kunst vom 13. 11. 1908 in den Art. 2 und 14, deren Bestimmungen

---

[1]) Die Zahl der Kinotheater in Deutschland beläuft sich zurzeit auf zirka 2500. Die Höhe der in ihnen und in der gesamten deutschen Film- und Kinoindustrie investierten Kapitalien läßt sich schwer mit einiger Genauigkeit bestimmen, beläuft sich aber auf Hunderte von Millionen; allein die Universum-Film-A.-G. in Berlin arbeitet mit einem Stammkapital von 25 Millionen Mark.

durch die Novelle vom 23. 5. 1910 in die Deutsche Urheberrechtsgesetzgebung übernommen wurden. Hierdurch wurden abgeändert das Gesetz betr. das Urheberrecht an Werken der Literatur und der Tonkunst v. 19. 6. 1901 und das Gesetz betr. das Urheberrecht an Werken der bildenden Künste und der Photographie v. 9. 1. 1907 (Kunstschutzgesetz) sowie das Gesetz über das Verlagsrecht v. 19. 6. 1901 [1]).

Durch diese gesetzgeberischen Maßnahmen ist indes den Bedürfnissen der Praxis keineswegs voll Genüge getan, und ein zeitgemäßer Ausbau des Filmurheberrechtes, wie er zurzeit in der Schweiz in die Wege geleitet ist, wird in den beteiligten Kreisen als ein dringendes Bedürfnis empfunden.

Die öffentlichrechtlichen Fragen im Lichtspielgewerbe, wie die bau- und sicherheitspolizeilichen Maßnahmen, die polizeiliche Zensur der vorzuführenden Films, der Besuch der Vorführungen durch Jugendliche, das Reklamewesen usw. wurden durch zahlreiche ministerielle Verfügungen und Polizeiverordnungen sowie polizeiliche Verfügungen geregelt [2]).

§ 3.

Neu auftauchende Verträge. Abgrenzung der Arbeit.

Zwischen den Filmherstellern und den Filmverleihern einerseits [3]) sowie zwischen diesen und den Kinotheaterbesitzern andererseits bildeten sich neuartige Vertragstypen aus und ent-

---

[1]) vgl. Alfred Bertram, Der Kinematograph in seinen Beziehungen zum Urheberrecht; Rich. Treitel, Urheberrecht und Kinematographie, in „Gewerbl. Rechtsschutz und Urheberrecht“, Berlin 1912, S. 123–129; Bruno May, Das Recht der Kinematographie S. 107 ff.; A. Schütze, Kinematographisches Urheberrecht; Georg Cohn, Kinematographenrecht; Paul Abel, Kinematographie und Urheberrecht.

[2]) vgl. Hans Werth, Öffentliches Kinematographenrecht; Alb. Hellwig, Rechtsquellen des öffentlichen Kinematographenrechts; Alb. Hellwig, Die maßgebenden Grundsätze für Verbote von Schundfilms nach geltendem und zukünftigem Recht, im VerwArch. Juni 1913; Alb. Hellwig, Die Filmzensur; Alb. Hellwig, Die Kinematographenzensur in Preußen; Müller-Sanders, Die Kinematographenzensur in Preußen.

[3]) Über diese Näheres § 4.

standen besondere Rechtsverhältnisse, deren Entwicklung noch nicht in allen Punkten zum Abschluß gekommen ist.

Aufgabe unserer Darstellung soll es sein, die Beziehungen zwischen Filmherstellern, Filmverleihern und Theaterbesitzern und die Rechtsverhältnisse, die sich aus den Eigenheiten der Gebrauchsüberlassung der Films und der Übertragung der Aufführungsrechte ergeben, zu untersuchen und nach der rechtlichen Seite zu beleuchten. Es seien einige kurze Worte über das Wesen des Filmverleihgeschäfts [1]) selbst vorausgeschickt.

§ 4.
Der Filmverleihbetrieb.

Um immer von neuem seine Anziehungskraft auf das Publikum auszuüben, pflegt ein Kinotheater seine Programme viel häufiger zu wechseln, als es gewöhnlich bei der Sprechbühne oder bei den Spezialitätentheatern der Fall ist.

In Deutschland hat sich der Brauch ausgebildet, daß die größeren Kinotheater dasselbe Programm eine Woche, die kleineren nur eine halbe Woche lang vorführen (in ganz kleinen Ortschaften wird wohl auch nur an einem oder zwei Tagen in der Woche gespielt). Bei dieser kurzen Benutzungszeit und bei dem hohen Anschaffungspreis der Films kann ein Theaterbesitzer solche nur in Ausnahmefällen selber käuflich erwerben; in der Regel erhält er die sein Programm bildenden Films von einem Filmverleihinstitut nur zur zeitweiligen Benutzung gegen Zahlung einer bestimmten Gebühr.

Der Filmverleiher, welcher die Films von dem Hersteller käuflich erwirbt, bildet mithin das Bindeglied zwischen diesem und dem Theaterbesitzer und nimmt in der Film- und Kinematographenindustrie eine ähnliche Stellung ein wie der Großhändler in anderen Geschäftszweigen. Der Filmverleiher wird bemüht sein, seine Films in möglichst kurzer Zeit an viele Theater zu liefern; es ist ihm im Interesse der möglichst schnellen und intensiven Verwertung seiner Films, in denen oft sehr beträcht-

[1]) Betreffs der (juristisch unrichtigen) Bezeichnung „Filmverleih, Filmverleiher“ usw. vgl. § 5 dieser Darstellung.

liche Kapitalien stecken, daran gelegen, daß sie fortlaufend und anschließend hintereinander in den verschiedenen Theatern des Bezirkes, auf den sich seine geschäftliche Tätigkeit erstreckt, zur Vorführung gelangen, so daß sie von einer Hand in die andere gehen und möglichst wenig unbenutzt stilliegen. Andererseits muß der Theaterbesitzer, der die einzelnen Verträge für Filmlieferungen gewöhnlich längere Zeit vor Beginn der eigentlichen Spielzeit der Films abschließt und seine Programme auf Monate hinaus festsetzt, sich darauf verlassen können, daß er die Films zu den festgesetzten Terminen auch pünktlich erhält, denn sonst kann er seine Vorstellungen nicht abhalten. Ein Filmverleihbetrieb, zumal ein größerer, der zu gleicher Zeit Hunderte von über ganz Deutschland zerstreuten Theatern mit Films versorgt, erfordert deshalb eine keineswegs einfache Organisation, wenn Unregelmäßigkeiten in den Lieferungen, Differenzen und Konflikte mit den Abnehmern vermieden werden sollen; genaue Verträge und bestimmte Abmachungen, die die Rechte und Pflichten beider Parteien normieren, sind nötig und werden auch in der Praxis getroffen, ohne daß freilich alle vorkommenden Zwischenfälle vorausgesehen werden können.

§ 5.

Juristische Natur des Filmverleihvertrages.

Es muß vorausgeschickt werden, daß die Ausdrücke „Filmverleiher", „Filmverleihvertrag" usw. juristisch unzutreffend sind.

Der Begriff der Leihe wird durch § 598 BGB. dahin bestimmt, daß der „Verleiher" dem „Entleiher" den Gebrauch der hingegebenen Sache u n e n t g e l t l i c h zu gestatten hat; durch diese Unentgeltlichkeit unterscheidet sich die Leihe einerseits vom Miet- und Pachtvertrage, und dadurch, daß der Entleiher die Sache nur zum G e b r a u c h e n, nicht zum V e r b r a u c h e n erhält, unterscheidet sie sich andererseits vom Darlehn (§§ 607, 610 BGB.).

Ausdrücke wie Filmverleihgeschäft, Leihbibliothek, Verleihanstalt usw. sind demnach unjuristisch; trotz dieser Inkorrektheit wollen wir indessen dem gewöhnlichen Sprachgebrauche folgen und in unserer Abhandlung diese im Filmgewerbe allgemein übliche Ausdrucksweise beibehalten.

War es nicht schwer, für den in Rede stehenden Vertrag den Begriff der Leihe abzulehnen, so ist es nicht ganz so einfach, denselben, insbesondere was seine mannigfaltigen Einzelheiten anbelangt, positiv unter eine der vom Gesetzgeber festgelegten Vertragsarten unterzuordnen.

Man wird leicht geneigt sein, ihn als „Miete" (§§ 536 ff. BGB.) anzusprechen, indessen wird das einer genaueren Betrachtung nicht standhalten, vielmehr wird sich der Vertrag als „Pacht" darstellen (§§ 581 ff.).

Miete und Pacht weisen in ihrer wirtschaftlichen und rechtlichen Natur neben weitgehender Übereinstimmung wesentliche Verschiedenheiten auf. Bei dem Filmverleihvertrag handelt es sich zunächst um die Überlassung einer körperlichen Sache und die Gewährung von deren Gebrauch auf bestimmte Zeit gegen Entgelt; dies sind die begrifflichen Merkmale der Miete, die zwar im Bürgerlichen Gesetzbuch nicht definiert, aber durch Feststellung der wesentlichen Verpflichtung beider Teile bestimmt wird[1]).

Zu der Gebrauchsüberlassung des Films selbst als einer körperlichen Sache kommt aber noch als wesentlichster Punkt des hier in Rede stehenden Vertragsverhältnisses die Überlassung und Gewährung der zeitweiligen Ausübung des Vorführungsrechtes hinzu. Gegenstand der Miete können aber nur Sachen, d. h. körperliche Gegenstände im Sinne des § 90 BGB. sein, während die Pacht „Gegenstände" überhaupt betrifft, also nicht bloß Sachen, sondern auch Rechte (z. B. Jagdpacht).

Der Mieter ist ferner lediglich zum Gebrauche der gemieteten Sache berechtigt, der Pächter dagegen außer zum Gebrauche des gepachteten Gegenstandes auch zum Genusse der Früchte, soweit sie nach den Regeln einer ordnungsmäßigen Wirtschaft als Ertrag anzusehen sind (vgl. §§ 535 Abs. 1, 581 Abs. 1 BGB.).

---

[1]) vgl. Planck, BGB. Bd. 2 § 535; J. v. Staudinger, Komm. Bd. 2 S. 835 § 535; Oertmann, Recht der Schuldverhältnisse § 535.

Diese Verschiedenheit der Vertragszwecke ist völlig hinreichend, um die juristische Unterbringung unseres Vertrages unter die Pacht mit voller Sicherheit vornehmen zu können, denn selbstverständlich soll und will der Theaterbesitzer nicht nur zum Gebrauchen des Films, sondern auch zum Genusse der Früchte berechtigt sein.

Unser Gesetz unterscheidet, wie hierbei kurz ausgeführt sei, in § 99 natürliche oder unmittelbare und juristische oder mittelbare Früchte. Beide Arten treten uns beim Filmgeschäft entgegen. Das. was dem Theaterbesitzer als Pächter des Films als Fruchtgenuß zusteht, finden wir im Abs. 2 des § 99 BGB. als natürliche Früchte eines Rechtes gekennzeichnet. Es sind das die Erträge, welche das Recht seiner Bestimmung gemäß gewährt, insbesondere bei einem Rechte auf Gewinnung von Bodenbestandteilen die gewonnenen Bestandteile. Hierunter versteht das Bürgerliche Gesetzbuch also nicht die juristischen, sondern diejenigen natürlichen Früchte, die ein Nichteigentümer auf Grund eines auf die Sache bezüglichen privaten Nutzungsrechtes (dinglicher oder obligatorischer Art) gemäß dem Inhalte dieses Rechts gewinnt, so die natürlichen Früchte der Sache, die dem Pächter oder Nutznießer zufallen: die Mineralien als Früchte des Bergwerkseigentümers, die Jagdbeute als Frucht des Jagdrechtes.

In unserem Falle sind es alle Erträge, welche die Filmpacht ihrer Bestimmung gemäß gewährt, d. h. die Einnahmen, die die Theaterkasse aufweist. Diese Einnahmen sind in der Hauptsache als Erträgnisse der Vorführung der Films anzusehen, wenn zu ihrer Erzielung natürlich auch die sonstigen, zur Veranstaltung der Vorstellungen notwendigen Einrichtungen des Theaters, die Musik usw. mitwirken.

Der Filmverpächter dagegen tritt uns im Abs. 3 des § 99 BGB. entgegen. Hier handelt es sich um juristische (mittelbare, bürgerliche, Zivil-) Früchte einer Sache oder eines Rechtes, um Erträge, welche die Sache oder das Recht vermöge eines Rechtsverhältnisses gewährt, so die Nutzungen, die der Eigentümer durch Vermietung oder Verpachtung der Sache in Gestalt des Miet- und Pachtzinses erhält.

Es könnte noch die Frage entstehen, ob ein kinematographischer Film [1]) in Anbetracht seiner technischen Beschaffenheit Gegenstand der Pacht sein könne. Derselbe ist ein dünnes durchsichtiges, mit einer photographischen Schicht versehenes Zelluloidband, welches durch die Vorführungen mittels des Projektionsapparates leicht Beschädigungen und einer mehr oder weniger schnellen Abnutzung ausgesetzt ist. Selbst bei ordnungsmäßiger Behandlung ist seine Lebensdauer eine beschränkte und von der Häufigkeit der Benutzung abhängig. Trotzdem kann man Films nicht als verbrauchbare Sachen im Sinne des § 92 BGB. bezeichnen, denn wenn sie auch durch wiederholten Gebrauch mit der Zeit unbrauchbar werden (was ja schließlich bei den meisten Sachen der Fall ist), so wird doch ihre natürliche Bestimmung nicht durch den Verbrauch erfüllt. Diese Frage könnte wichtig werden, wenn man nur unverbrauchbare Sachen als Gegenstand der Miete bezw. der Pacht annimmt [1]). Wesentlich aber ist es bei der Miete, daß die Sache den im Vertrage bestimmten Gebrauch zuläßt, ohne dadurch in ihrer wesentlichen Beschaffenheit verändert zu werden, so daß die fernere Gebrauchsmöglichkeit zu demselben Zweck, wenn auch gemindert, weiterbestehen bleibt [2]).

Im obigen haben wir die im normalen Geschäftsbetriebe zwischen Filmverleihern und Theaterbesitzern üblichen Verträge im Auge gehabt und diese als Pachtverträge charakterisiert.

Daß aber auch richtige Filmverleihverträge vorkommen können, ist natürlich nicht ausgeschlossen: Dem Theaterbesitzer kann beispielsweise ein Film unentgeltlich zur Verfügung gestellt werden, um ihn in einer privaten Veranstaltung, im Familienkreise oder in einem Verein vorzuführen. Erfolgt die

---

[1]) Der internationale technische Ausdruck „Film“ wird in dem württembergischen Gesetz betr. öffentliche Lichtspiele v. 31. 3. 1914 treffend mit „Bildstreifen“ verdeutscht. Auch die Bezeichnungen „Lebendes Bild“, „Lichtbild“ sind gebräuchlich.

[1]) So Oertmann, Schuldverhältnisse S. 535; Mittelstein, Die Miete S. 11; Windscheid-Kipp, Lehrb. des Pandektenrechtes Bd. 2 S. 720.

[2]) vgl. Endemann, Lehrb. d. bürgerl. R. Bd. 2 S. 1045; Dernburg, Das bürgerliche Recht Bd. 2, 2 S. 177.

Überlassung zu einem solchen Zwecke gegen eine Vergütung, dann würde ein Mietvertrag vorliegen.

§ 6.

Der Abschluß des Vertrages.

Da der Filmverleihvertrag, wie wir gesehen haben, als ein Pachtvertrag über bewegliche Sachen und Rechte anzusehen ist, so gelten für seinen Abschluß keine gesetzlichen Formvorschriften. Er kommt, wie jeder Vertrag, dadurch zustande, daß beide Teile über den Gegenstand ihrer Verhandlungen einig sind und gegenseitige Erklärungen ihres übereinstimmenden Willens abgegeben haben.

In der Praxis werden allerdings in der Regel zum Abschluß von Filmpachtverträgen besondere Formulare benutzt. Diese sind indessen nicht Abschlußformulare in dem Sinne, daß nur durch ihre Ausfüllung und Unterzeichnung der Vertrag zustande kommt, sondern sie sind Beweisurkunden für die einzelnen Vertragsvereinbarungen. Diese Formulare sind gewöhnlich in der Form von Bestellscheinen gehalten, auf deren Rückseite die Lieferungsbedingungen abgedruckt sind, zu denen die Abgabe der Films seitens der Verleihfirma erfolgt. Durch seine Unterschrift erklärt der Theaterbesitzer sein Einverständnis mit diesen Lieferungsbedingungen, die zwischen den Parteien als lex contractus gelten sollen. Es liegt dann zunächst eine Vertragsofferte seitens des Bestellers vor, ein Antrag, der erst durch die Annahme seitens der Verleihfirma zum Vertrage wird.

Neuerdings sind zwischen den bedeutendsten Berufsorganisationen der beteiligten Kreise, dem Zentralverband der Filmverleiher Deutschlands e. V. und dem Reichsverband Deutscher Lichtspieltheaterbesitzer e. V. allgemeine Bezugsbedingungen für Films einheitlich festgesetzt worden, die wir im Anhang wiedergeben. Sie beruhen auf Gebräuchen, die sich im Laufe der Zeit im Geschäftsverkehr zwischen den Parteien herausgebildet haben, und sollen für die Regelung der rechtlichen Beziehungen zwischen Filmpächtern und Verpächtern ausschließlich maßgebend sein.

Zweiter Abschnitt.

Film-Monopol- und -Lizenzverträge.

§ 7.

Wesen und Inhalt.

In dem Wesen aller Filmlieferungsverträge, sowohl der zwischen den Herstellern und den Filmverleihern abgeschlossenen Kauf- als den zwischen letzteren und den Theaterbesitzern abgeschlossenen Pachtverträgen liegt es, daß mit dem Film selbst auch das Vorführungsrecht übertragen werden soll: ja, diese Übertragung der Vorführungsrechte bildet den eigentlichen Inhalt und den wirtschaftlichen Zweck der genannten Verträge.

Gegenstand des Kaufvertrages ist zweierlei: einmal die Films als körperliche Sache bezw. die einzelnen Filmkopien; zum zweiten das Recht der öffentlichen Vorführung, welches, wie weiter unten, S. 12, ausgeführt, in der Regel als ausschließliches Monopol für einen bestimmten Bezirk übertragen wird.

In den Kaufverträgen selbst tritt dies nicht immer klar in die Erscheinung, indem die Parteien oft nur vereinbaren, daß der Käufer so und soviel Kopien für den und den Bezirk zum Preise von so und soviel für die Kopie oder für den Meter Film erwirbt; in der Bemessung dieses Preises ist aber sowohl der Wert der einzelnen Filmkopien als auch derjenige der Vorführungsrechte eingerechnet.

Mehr und mehr ist man aber dazu übergegangen, in den betreffenden Kaufverträgen die Preisberechnung für die einzelnen Filmkopien und für das Monopolrecht getrennt zu halten und für beides einen besonderen Preis festzusetzen; der Käufer bezahlt dann für seinen Monopolbezirk eine bestimmte „Lizenzgebühr" (wie man sich im Filmgewerbe auszudrücken pflegt) und erhält die zur Ausübung seiner Vorführungsrechte benötigten Kopien zu einem bestimmten Preise, der gewöhnlich für den Meter Film festgesetzt wird.

Die ausschließliche Befugnis zur öffentlichen Vorführung eines Films („eines Werkes der Kinematographie" nach der

Sprache des Gesetzes) hat an und für sich laut § 15a des Gesetzes betr. das Urheberrecht an Werken der bildenden Künste und Photographie v. 9.1.1907 der Urheber, also der Fabrikant[1]). Durch den Kaufvertrag aber überträgt er diese Befugnis auf den Erwerber des betreffenden Films, der in der Regel ein Filmverleiher sein wird, und dieser überträgt das erworbene Recht weiter auf den Theaterbesitzer, und zwar durch Verpachtung des Films.

§ 10 Abs. 4 KunstUG. sagt zwar, daß die Überlassung des Eigentums an einem Werke, soweit nicht ein anderes vereinbart ist, die Übertragung des Rechtes des Urhebers nicht in sich schließt; in dem Wesen der Filmlieferungsverträge aber liegt es, daß stets ein Ausschnitt des Urheberrechts, nämlich das Vorführungsrecht[2]), mit übertragen werden soll, selbst wenn dies in dem betreffenden Vertrag nicht besonders zum Ausdruck gebracht sein sollte, denn sonst würde der beabsichtigte wirtschaftliche Zweck überhaupt nicht erreicht werden können.

§ 8.

Umfang des übertragenen Rechts.

Der Umfang der übertragenen Vorführungsrechte kann je nach den Verabredungen ein verschiedener sein. Entweder soll der Erwerber eines Films berechtigt sein, denselben überall ohne Einschränkung zur Vorführung zu bringen, oder er kann dies nur innerhalb eines bestimmten Bezirkes tun; sodann soll er entweder in diesem Bezirk das alleinige Vorführungsrecht erhalten, oder er muß es sich gefallen lassen, daß auch jeder andere Erwerber einer weiteren Kopie desselben Films diese in demselben Bezirk zur Vorführung gelangen läßt. Man spricht

---

[1]) Wenngleich bei der Herstellung eines Films verschiedene Personen mitwirken, wie der Verfasser des Textes, der Anordner der Bühnenvorgänge, der Aufnahmephotograph usw., so hat man doch m. E. den Inhaber der Fabrik, in dessen Diensten alle jene Personen tätig sind, als den eigentlichen Urheber des Films zu betrachten.

[2]) vgl. unten S. 12.

in diesem letzteren Falle von „Films, die im freien Markt erschienen“ [1]).

Den Gegensatz zu letzteren bilden die „Monopolfilms“, das sind solche, bei denen der Erwerber ein Monopol erwirbt, und darunter versteht man das alleinige Recht der Vorführung und der Ausnutzung für einen Bezirk, mit der Befugnis des Erwerbers, seinerseits innerhalb des Bezirkes Vorführungsrechte an einzelne Kinotheater zu übertragen. Dieses System ist heute das übliche, und man kann sagen, bei allen großen und kostspieligen Films das ausschließliche geworden. Einerseits wird dadurch der Erwerber eines Films dagegen geschützt, daß in seinem Monopolbezirk ein anderes Exemplar desselben Films von einem anderen, etwa dem Monopolinhaber für einen anderen Bezirk, zur Vorführung gelangt; andererseits darf er den Film auch nicht an Kinotheater verpachten, die nicht in seinem Bezirk liegen.

§ 9.

Verbleib des Urheberrechts bei dem Hersteller (Ausnahmen).

Wie oben im § 7 ausgeführt, überträgt der Hersteller durch den Verkauf des Films das Recht der öffentlichen Vorführung auf den Erwerber. Gleichwie aber im Verlagsrecht (vgl. § 2 VerlG.) der Autor auf den Verleger nur die ausschließliche Befugnis zur Vervielfältigung und Verbreitung des Werkes auf eigene Rechnung überträgt, während ihm kraft Gesetzes eine Reihe von Rechten verbleiben, wie die Befugnis zur Vervielfältigung und Verbreitung für die Übersetzung, für die Wiedergabe einer Erzählung in dramatischer Form oder eines Bühnenwerkes in Form einer Erzählung, für die Benutzung eines Schriftwerkes zur kinematographischen Wiedergabe („Verfilmung“) usw., so geht auf den Erwerber eines Films nur das Vorführungsrecht, nicht das Urheberrecht an und für sich über; die übrigen,

[1]) Es handelt sich hierbei gewöhnlich um Darstellungen aktueller Ereignisse (sogen. kinematographische Wochenberichte), Naturaufnahmen, kürzere Humoresken usw., die neben dem großen Hauptfilm zur Vervollständigung des Theaterprogramms dienen.

im Urheberrecht inbegriffenen Rechte verbleiben bei dem Fabrikanten, also namentlich die Befugnis der Vervielfältigung, der bildlichen Wiedergabe der dargestellten Handlung in geänderter Gestaltung[1]) usw.

Der Fabrikant kann natürlich auch sein gesamtes Urheberrecht veräußern, und dies wird hauptsächlich dann geschehen, wenn er das Negativ des Films[2]) mit sämtlichen Rechten für „die ganze Welt" verkauft. Der Erwerber tritt in solchem Falle vollständig in die bisherige Rechtsstellung des Veräußerers ein. Maßgebend für den Gesamtinhalt des Rechtsverhältnisses, insbesondere was Mängelhaftung usw. anbelangt, ist das der Veräußerung zugrunde liegende Rechtsgeschäft, welches in der Regel, wenn die Veräußerung gegen Entgelt geschieht, Kauf sein wird.

§ 10.

Untersuchung über die Rechtsnatur der Verträge.

Dieser Fall der vollständigen Veräußerung eines Films mit allen Rechten dürfte juristisch keine Schwierigkeiten bieten; anders verhält es sich aber, wenn wir in die Prüfung der Rechtslage des Monopolinhabers für einen bestimmten Bezirk und in diejenige eines Theaterbesitzers, der den Film vom Verleiher zur Vorführung gepachtet hat, eintreten.

Wir stoßen hier auf eine Reihe von interessanten, in der Wissenschaft noch nicht geklärten Streitfragen, denn wir haben es mit Rechtsverhältnissen zu tun analog denjenigen, wie sie im Patentrecht zwischen dem Patentinhaber und dem Nehmer einer Lizenz bestehen. Bei der inneren Verwandtschaft zwischen dem geistigen und dem gewerblichen Urheberrechte, die wegen der Gleichheit ihres Wesens und ihres Zweckes von der Wissenschaft zu einem einheitlichen Rechtsbegriffe zusammengefaßt

---

[1]) vgl. §§ 15 u. 15a KunstUG.

[2]) Für jeden Film wird nur ein Negativ hergestellt; von diesem können die für die Vorführung gebrauchten „Positivfilms" in beliebiger Anzahl „abgezogen" werden, analog wie die einzelnen photographischen Bilder von der Negativplatte.

werden und beide nach der Kohlerschen Lehre zu den immateriellen Güterrechten gehören, erscheint es uns am Platze, etwas näher auf die patentrechtliche Lizenz einzugehen.

§ 11.
Patentlizenzvertrag.

Das Wort „Lizenz“ bedeutet eigentlich Erlaubnis. Es ist, wie Breuer[1]) hervorhebt, kein von der Wissenschaft geprägtes Wort und bezeichnet nicht so sehr den Rechtscharakter des darunter fallenden Geschäfts als vielmehr dessen wirtschaftliche Eigenart.

Der Patentinhaber erteilt durch die Lizenzvergebung unter voller Wahrung seines eigenen Rechtes einem Dritten die Erlaubnis, die Erfindung zu benutzen, bezw. bestimmte durch das Patentrecht lediglich dem Patentinhaber vorbehaltene Handlungen vorzunehmen. Diese Erlaubnis kann örtlich und zeitlich beschränkt sein; sie kann sich auf alle dem Patentinhaber gemäß § 4 PatG. zustehenden Befugnisse erstrecken[2]), oder auch nur auf einige, und man kann daher Produktions-, Verkaufs- und Gebrauchslizenzen unterscheiden[3]). Der Begriff des Erlaubens ist an und für sich kein juristischer, sondern ein rein faktischer; est ist aber klar, daß die Parteien bei der Lizenzerteilung nicht nur an einen tatsächlichen, sondern an einen Rechtszustand denken[4]).

Hier entsteht also die Frage nach der juristischen Natur dieses Rechtszustandes. Entsteht — das ist der Streit — durch die Lizenzerteilung nur ein rein obligatorisches Verhältnis zwischen den Parteien, kraft dessen der Inhaber des Patentes gegenüber

---

[1]) Breuer, Die rechtliche Natur der Patentlizenz, in der Zeitschrift Gewerblicher Rechtsschutz und Urheberrecht 17. Jahrg., 1912, S. 47.

[2]) § 4 PatG. lautet: „Das Patent hat die Wirkung, daß der Patentinhaber ausschließlich befugt ist, gewerbsmäßig den Gegenstand der Erfindung herzustellen, in Verkehr zu bringen, feil zu halten oder zu gebrauchen . . .“

[3]) vgl. Munk, Die patentrechtliche Lizenz S. 116 ff.; Rosenthal, Das deutsche Patentgesetz S. 138 Anm. 5 zu § 6; Kloeppel, Der Lizenzvertrag S. 21.

[4]) vgl. Wodtke, Grundsätzliches zur Lizenzlehre, in der Zeitschrift Gewerblicher Rechtsschutz und Urheberrecht 19. Jahrg., 1914, S. 230.

dem Lizenznehmer von seinen Verbietungsrechten keinen Gebrauch machen darf, oder soll vielmehr dem Lizenznehmer ein positives Recht, ein quasidingliches Benutzungsrecht eingeräumt werden? Je nachdem man von der einen oder anderen Auffassung ausgeht, gelangt man zu verschiedenen praktischen Ergebnissen, denn die erstere, die negative Theorie, wie man sie nennen kann, erblickt den Schwerpunkt und die wirtschaftliche Bedeutung des Vertrages in der Aufhebung oder Beschränkung des Untersagungsrechtes des Patentinhabers, die positive Theorie hingegen in der Ermöglichung der Ausnutzung der Erfindung[1]).

Treffend setzt Breuer[2]) die Verschiedenheit der Rechtslage nach der einen und der anderen Auffassung auseinander:

„Im ersten Falle sind die Beziehungen des Lizenznehmers zum Patent durchaus vermittelt durch seine Beziehungen zum Lizenzgeber; nur weil letzterer die Verpflichtung hat, ihm den Gebrauch zu gewähren, kann er den Gebrauch ausüben: Der rechtliche Schwerpunkt liegt nicht im Haben des Lizenznehmers, sondern im Sollen des Lizenzgebers. Die vom Lizenzgeber übernommene Verpflichtung erschöpft sich vollständig in der Herstellung eines rein tatsächlichen Zustandes, daß nämlich der Lizenznehmer in die Lage versetzt werde, das Patentrecht zu benutzen. Im zweiten Falle aber folgte auf den obligatorischen Vertrag der dingliche Vertrag, war Inhalt des obligatorischen Vertrages eben die Verpflichtung zur Vollziehung des dinglichen, daß nur der Lizenznehmer die Vorteile, die er sonst nur kraft der Verpflichtung des Lizenzgebers hätte genießen können, aus eigenem, von dem Rechte des Lizenzgebers losgelöstem Rechte herschreibt“.

---

[1]) Die negative Theorie beruht auf der hauptsächlich von Laband vertretenen urheberrechtlichen Untersagungstheorie, nach welcher das Wesen des ganzen Urheberrechtes überhaupt in dem an alle Personen gerichteten Verbot besteht, fremde Geistesarbeit gewerblich auszubeuten. — Vgl. Laband, Staatsrecht Bd. 3 S. 247.

[2]) Breuer a. a. O. S. 49.

§ 12.
Übersicht über die Lizenztheorien in Schrifttum und Rechtsprechung.

I. Die negative Theorie.

Beide Theorien, sowohl die des negativen wie die des positiven Inhalts der Lizenz, haben in der Literatur eine Reihe von Verfechtern gefunden und sind in mehreren obergerichtlichen Entscheidungen vertreten.

a) Schrifttum.

Einer der Hauptvertreter der negativen Theorie ist Klostermann[1]). Dieser unterscheidet drei Möglichkeiten der Übertragung der Rechte aus dem Patent.

1. Zession des Patentes, d. i. unbeschränkte Übertragung des Patentes, für welche analoge Grundsätze wie für die Zession der Forderungsrechte gelten. Die Übertragung mache den Zessionar sofort zum Anspruchsberechtigten, um aber nach außen hin wirksam zu werden, seien die Formvorschriften des § 19 PatG. zu beachten[2]). Der Grund der Zession könne in irgendwelchem, auf eine Veräußerung gerichteten Rechtsgeschäfte beruhen; die Zession könne auch zur Erfüllung einer früher begründeten Verpflichtung zur Übertragung erfolgen[3]).

Wenn Munk[4]) als Österreicher im Jahre 1897 die Behauptung aufstellt, daß die Übertragung eines Patentes nicht Zession, sondern Kauf sei, weil, wie er zur Begründung angibt,

---

[1]) Klostermann, Das Patentgesetz für das Deutsche Reich S. 160ff.

[2]) § 19 Abs. 1 PatG. lautet: „Tritt in der Person des Patentinhabers oder seines Vertreters eine Änderung ein, so wird dieselbe, wenn sie in beweisender Form zur Kenntnis des Patentamtes gebracht ist, ebenfalls in der Rolle vermerkt und durch den Reichsanzeiger veröffentlicht. Solange dies nicht geschehen ist, bleiben der frühere Patentinhaber und sein früherer Vertreter nach Maßgabe dieses Gesetzes berechtigt und verpflichtet".

[3]) vgl. auch Klostermann, Die Patentgesetzgebung aller Länder S. 198; Klostermann in Endemanns Handb. Bd. 2 S. 328; Robolski, Patentrecht S. 230.

[4]) Munk, Die patentrechtliche Lizenz S. 10/11.

„es bei dem absoluten Charakter des Patentrechtes an dem bestimmten Schuldner fehlt, dessen Verhältnis auf der Gläubigerseite eine Veränderung erfahren soll“, so ist diese Auffassung für uns durch das Bürgerliche Gesetzbuch überholt, dessen § 413 verordnet, daß die Vorschriften über die Übertragung von Forderungen auf die Übertragung anderer Rechte entsprechende Anwendung finden sollen, soweit nicht das Gesetz ein anderes vorschreibt. Hier kommen als nicht aus Schuldverhältnissen hervorgehende Forderungen in Betracht: Ansprüche dinglicher und familienrechtlicher Art, ferner Erbansprüche, insbesondere aber die nicht im Bürgerlichen Gesetzbuche behandelten Patent- und Urheberrechte aller Art, kurz, die „sonstigen Rechte“ im Sinne des § 823 [1]). Im übrigen dürfte die Frage kaum bedeutsam sein, da, wie auch Munk hervorhebt, in der Wirkung kein Unterschied zn bemerken ist: „Im Resultat stimmen übrigens beide Ansichten überein“ [2]).

2. Beschränkte Übertragung liege in den Fällen vor, in denen eines der Monopolrechte des Patentinhabers, die Herstellung, der Verkauf oder die Benutzung entweder für das gesamte deutsche Gebiet oder für einen Teil desselben anderen überlassen wird. Bei einer solchen beschränkten Übertragung gehe das ausschließliche Recht des Patentinhabers auf den Erwerber über und dieser sei befugt, das Exklusivrecht gegenüber jedem Gewerebtreibenden geltend zu machen, welcher in den Kreis der ihm übertragenen Befugnisse eingreife. Das erworbene Recht sei jedoch nur ein abgeleitetes; in der Person des Patentinhabers trete keine Änderung ein, und es finde daher nach § 19 PatG. die Eintragung in die Patentrolle und die Veröffentlichung durch den Reichsanzeiger nicht statt.

3. Lizenz. Diese bestehe nur in der Erlaubnis zur Benutzung der Erfindung ohne die Übertragung eines ausschließlichen Rechtes und enthalte weder eine beschränkte noch eine unbeschränkte Übertragung des Patentrechtes. Der Patentinhaber verzichte nur auf das ihm zustehende Untersagungsrecht gegen-

[1]) Komm. v. RGRäten zu § 413.

[2]) Munk a. a. O. S. 11.

über dem Lizenzträger und teile zugleich dem letzteren den letzteren den Gegenstand der Erfindung zur Benutzung mit.

Entsprechend der verschiedenen Natur der Übertragung des Patentrechtes und der Lizenz sind nach Klostermann[1]) die Wirkungen beider verschieden. Die beschränkte ebenso wie die unbeschränkte Übertragung des Patentrechts begründe für den Zessionar ein gegen jeden Gewerbetreibenden verfolgbares Recht von dem im § 4 definierten oder einem beschränkten Inhalt. Der Lizenzträger habe kein Klagerecht, wenn ein anderer ohne Erlaubnis des Patentinhabers die patentierten Gegenstände nachverfertige oder nachgemachte Gegenstände in Verkehr bringe oder gebrauche: würden dadurch seine Interessen geschädigt, so habe er nur einen Anspruch gegen den Patentinhaber, daß dieser die Verletzung des Patentrechtes verhindere.

Auch die Gewährleistung des Patentinhabers sei eine verschiedene bei der beschränkten sowohl als unbeschränkten Übertragung und bei der Lizenz; in den zwei ersteren Fällen müsse er für die Gültigkeit des übertragenen Patentes nach den allgemeinen Regeln Gewähr leisten, nicht aber bei der Lizenzerteilung, da hier der Lizenzträger nicht in das ausschließliche Recht des Erfinders eintrete, sondern sich nur für seinen Gewerbebetrieb von dem Untersagungsrechte des Patentinhabers befreie.

Derselbe Autor führt an anderer Stelle[2]) aus, daß das Recht des Patentinhabers nicht die Benutzung oder Anwendung der Erfindung an sich zum Inhalt habe, sondern das Recht der ausschließlichen Benutzung, d. h. die Befugnis, solche anderen zu untersagen. Wenn mithin nicht eine ausschließliche Benutzung, also ein Teil des Untersagungsrechtes übertragen werde, und dies sei bei der einfachen Betriebserlaubnis nicht der Fall, so könne das Geschäft keinen anderen Inhalt haben als den Verzicht auf das Untersagungsrecht gegenüber dem Lizenzträger[3]).

---

[1]) Klostermann, Patentgesetz S. 165.

[2]) Klostermann in Endemanns Handb. Bd. 2 S. 329.

[3]) Munk a. a. O. S. 19 wendet hiergegen ein, daß demjenigen, welchem die „ausschließliche“ Benutzung zustehe, gewiß auch die „Benutzung an sich“ zustehen wird.

Im gleichen Sinne wie Klostermann äußert sich auch Robolski[1]). Auch nach ihm ist rechtlicher Konstruktion nach die Lizenz nichts anderes als der Verzicht auf das dem Patentinhaber nach § 4 PatG. zustehende Untersagungsrecht. Wohl erkennt er an, daß der Lizenznehmer infolge dieses Verzichtes nicht nur die Freiheit gewinne, den Gegenstand der patentierten Erfindung herzustellen, in Verkehr zu bringen, zu gebrauchen usw., sondern daß er auch an dem Genusse des durch das Ausschließungsrecht des Patentinhabers gegen sonstige Personen gesteigerten Nutzungswertes der Erfindung teilnehme, und daß darin die erhebliche ökonomische Bedeutung dieses Rechtsgeschäftes liege. „Doch", sagt Robolski, „ist dieser Punkt lediglich eine faktische, nicht eine rechtliche Folge der Lizenz; denn an sich wird der Patentinhaber durch den Lizenzvertrag nicht gehindert, auch anderen Personen Lizenzen zu erteilen oder der Nachahmung der Erfindung durch Unberechtigte freien Spielraum zu lassen."

Von diesem Gesichtspunkte aus, und weil er dem Lizenznehmer in Anlehnung an die weiter unten auf S. 21, angeführte Reichsgerichtsentscheidung v. 17. 12. 1886[2]) weder eine über die Ausübung der Erfindung hinausgehende Einwirkung auf das Erfindungsgut noch irgendeinen einem quasidinglichen Recht entsprechenden Besitz zuerkennt, vielmehr zwischen Lizenznehmer und Patentinhaber nur ein obligatorisches Verhältnis annimmt, kommt er zur Ablehnung der Kohlerschen Auffassung, von der unten die Rede sein wird, nach welcher der Lizenzvertrag in der Übertragung einer Art dinglichen Rechtes an der patentierten Erfindung besteht.

Auch nach Rosenthal[3]) besteht die Lizenzerteilung in dem Verzicht des Patentinhabers auf sein Untersagungsrecht nach § 4 PatG.

Solle der Berechtigte weitergehende Befugnisse erhalten, dann liege keine Lizenzerteilung, sondern beschränkte Über-

---

[1]) Robolski, Theorie und Praxis des deutschen Patentrechtes S. 232.

[2]) RGZ. Bd. 17 S. 53.

[3]) Rosenthal, Das deutzche Patentgesetz Anm. 6 zu § 4 und Anm. 5 zu § 6.

tragung des Rechtes aus dem Patente vor; derjenige, welchem das Recht aus dem Patente für einen gewissen Bezirk übertragen ist, vertrete innerhalb desselben den Patentinhaber, er könne beliebige Lizenzen innerhalb desselben erteilen, Strafanträge stellen, Klagen wegen Verletzung erheben usw.

Die negative Auffassung vertritt ferner Kloeppel[1]).

Er erblickt in dem Verzicht des Lizenzgebers auf das ihm zustehende Verbietungsrecht gegenüber dem Lizenznehmer den rechtlichen Inhalt des Lizenzvertrages. Trotzdem entsteht nach seiner Ansicht zwischen den Parteien nicht nur ein rein obligatorisches Verhältnis, sondern der Verzicht habe eine Art dinglichen Charakter, denn er wirke nicht nur gegen die Gesamt-, sondern auch gegen die Sonderrechtsnachfolger des Lizenzgebers.

Der dem Lizenznehmer infolge dieses Verzichtes zustehende Anspruch auf von seiten des Lizenzgebers nicht gestörte Benutzung der patentierten Erfindung sei vererblich und veräußerlich. Ein Recht des Lizenznehmers auf Verbot bezw. Verfolgung von Patentverletzungen werde durch den Lizenzvertrag nicht begründet.

Zu den gleichen Ergebnissen wie Kloeppel gelangt auch Martius[2]), nach welchem das Verhältnis zwischen Lizenznehmer und -geber selbst ein obligatorisches ist. Der Lizenzträger erhalte kein selbständiges Verfolgungsrecht gegenüber Patentverletzern, er könne der Regel nach selbständig nicht weitere Lizenzen erteilen, doch sei der bestehende Lizenzvertrag bindend für die Gesamtrechts- und Singularnachfolger des ersten Patentinhabers. Es werde demzufolge durch den Lizenzvertrag weder ein obligatorisches noch ein rein dingliches Verhältnis begründet: es liege, nach der Terminologie von Stobbe[3]), ein deutschrechtlich-dingliches oder ein beschränkt-dingliches Rechtsverhältnis vor.

Erwähnt sei schließlich noch Schall[4]), der gleichfalls den

---

[1]) Kloeppel, Der Lizenzvertrag S. 32 u. 44.

[2]) Martius, Über die rechtliche Natur der Lizenzerteilung durch den Patentinhaber S. 73/74.

[3]) Stobbe, Deutsches Privatrecht, Berlin 1885 Bd. 1, § 66.

[4]) Schall, Zur Lehre vom Lizenzvertrag, im ArchZivPrax., Freiburg i. B. 1888, S. 130.

Lizenzvertrag als Vertrag über den Verzicht des Patentinhabers auf sein aus dem Patent fließendes Verbietungsrecht auffaßt.

b) Rechtsprechung.

Von den Gerichtsentscheidungen, die auf dem oben angeführten Standpunkt stehen, ist von besonderer Bedeutung eine Entscheidung des Reichsgerichts v. 17. 12. 1886[1]). In dieser wird ausgeführt, daß der rechtliche Charakter des sogen. Lizenzvertrages nicht in der Übertragung einer Art dinglichen Rechtes an der patentierten Erfindung bestehe, sondern, wie in § 11 Ziff. 2 PatG. gesagt sei, in der der anderen erteilten Erlaubnis zur Benutzung der Erfindung. Inhalt des Vertrages bilden der Verzicht des Patentinhabers auf den Einspruch gegen die Benutzung der Erfindung durch den Lizenzträger und sodann die Teilnahme des letzteren an der Ausschließung Dritter, soweit der Patentinhaber sich zum Schutze gegen die Benutzung des Patentes durch andere verpflichtet habe. Zu dieser herrschenden und im Gesetz begründeten Auffassung von der rechtlichen Bedeutung der Lizenz müsse man auch dann gelangen, wenn man das Recht an der Erfindung als ein immaterielles Eigentum auffaßt; denn der Lizenzträger erlange weder eine über die Ausübung der Erfindung hinausgehende Einwirkung auf dieses Gut, noch irgendein einem quasidinglichen Rechte entsprechenden Besitz, noch ein eigenes Schutzrecht gegen dritte Personen, es bestehe vielmehr nur ein obligatorisches Verhältnis zwischen ihm und dem Patentinhaber.

Ein ferneres Urteil des Reichsgerichts v. 5. 12. 1893[2]) sagt gleichfalls, daß den Gegenstand des Lizenzvertrages allein die dem Lizenzträger gewährte Erlaubnis zur Benutzung der patentierten Erfindung bilde; der Patentinhaber wolle dem Lizenzträger gegenüber von seinem Verbietungsrechte keinen Gebrauch machen.

---

[1]) RGZ. Bd. 17 S. 53.
[2]) RGZ. Bd. 33 S. 103.

Auf demselben Standpunkt stehen mehrere bei Gareis[1]) aufgeführte Entscheidungen: Bd. 1 S. 230, Bd. 6 S. 208, Bd. 13 S. 106.

§ 13.

II. Die positive Theorie.

Im Gegensatz zu der von uns als die „negative" bezeichneten Theorie finden wir namentlich in der neueren patentrechtlichen Literatur den Standpunkt vertreten, daß wir es bei der Lizenz mit einem positiven Recht des Inhabers zu tun haben, nicht nur mit einem Ausschluß des Rechtes des Lizenzgebers, die Benutzung seiner Erfindung zu verbieten.

Beginnen wir hier zunächst wieder mit den Stimmen aus dem Schrifttum.

a) Kohler, dessen Forschungen auf dem Gebiete des Urheber- und Patentrechtes bahnbrechend gewirkt haben, hat sich in verschiedenen Schriften mit der Natur der Lizenz beschäftigt und kann als einer der Hauptvertreter der positiven Theorie angesehen werden.

In seinem grundlegenden „Handbuch des deutschen Patentrechtes" S. 508 ff. sagt er: „Das Lizenzrecht ist ein quasidingliches Gebrauchsrecht; es ist also ein positives Recht, nicht, wie manche gemeint haben, ein bloß negatives Recht, wonach das Verbot des Patentinhabers hier Halt machte und der Lizenzträger gewissermaßen unter dem Verbot hindurchschlüpfte. Diese unrichtige Anschauung hängt mit dem Irrtum zusammen, das Erfinderrecht als eine große Verbotsanstalt zu betrachten, so daß zeitweise der Schlagbaum gehoben und das natürliche Recht, Mensch zu sein und nach Belieben zu tun und zu lassen, wieder hervortreten könnte" [2]).

Die positive Natur der Lizenz folgert Kohler auch aus der Betrachung der Lebensverhältnisse an sich, indem er darauf hinweist, daß, wer eine Lizenz erwirbt, etwas Positives, einen Anteil am Erfindungsgut haben wolle, und daß der Lizenzbesteller

---

[1]) Gareis, Patentrechtliche Entscheidungen.

[2]) Kohler wendet sich hier gegen die Labandsche Untersagungstheorie, vgl. Anm. 1 auf S. 15.

auch obligatorisch verpflichtet sei, diesen Anteil zu gewähren; so sei er namentlich auch verpflichtet, dem Lizenzerwerber die nötige Auskunft zu geben und ihn in die Verhältnisse einzuweihen; falls er eine leichtere konstruktive Methode der Erfindungsausnutzung gefunden habe, müsse er sie dem Lizenzerwerber mitteilen. Mit einem bloßen negativen Inhalt der Lizenz, der bloßen Hebung eines Verbotes würde dies nicht in Einklang zu bringen sein; „man müßte dann etwa die Lizenz in ein dingliches Negatives und in ein obligationsrechtliches Positives auseinanderlegen, was offensichtlich verkehrt wäre, da die obligationsrechtliche Auskunftspflicht nur die Ergänzung der dem Lizenzträger durch die Lizenzeinräumung gewährten positiven Befugnisse sein soll".

Als dingliches bezw. quasidingliches Recht ist nach Kohler die Lizenz nach Analogie der Servituten zu behandeln. Der Lizenzberechtigte stehe demjenigen gleich, der über ein fremdes Grundstück gehen, aber auch keinem anderen verbieten dürfe, gleichfalls darüber zu gehen[1]. Auch an anderer Stelle[2] tritt Kohler für die Analogie mit der Servitut ein; in Grünhuts Zeitschrift[3] betrachtet er die Lizenz als eine nach den Regeln des Mietvertrages auszuübende Servitut[4].

Die Analogie sowohl mit der Servitutenbestellung als auch mit der Pacht lehnt ab Gierke[5]; nach ihm ist der Lizenzvertrag ein „eigentümlicher Vertrag". Für die Analogie mit der Pacht Seligsohn[6] und Allfeld[7]. Für diejenige mit der Miete tritt ein Munk[8].

Als zweite hierher gehörige Stimme sei Bolze genannt.

Dieser[9] knüpft an die bis dahin herrschende Meinung an,

---

[1]) Kohler, Deutsches Patentrecht S. 157.

[2]) Kohler im ArchBürgR. Bd. 10 S. 273.

[3]) Kohler in GrünhutsZ. Bd. 25 S. 258.

[4]) vgl. auch Kohler bei Dernburg, Das bürgerl. R. Bd. 6 S. 278.

[5]) Gierke, DPrivR. Bd. 1 S. 890.

[6]) Seligsohn, PatG. § 6 Nr. 9 S. 176.

[7]) Allfeld, Gewerbl. Urheberrecht § 6 Anm. 7 S. 119.

[8]) Munk a. a. O. S. 21.

[9]) Bolze, Übertragung der Ausübung eines Patentrechtes, in Gruchots Beitr. Bd. 38 S. 80/81 und Bd. 39 S. 1 ff.

nach welcher durch den Lizenzvertrag nur obligatorische Beziehungen zwischen den Parteien entstehen, äußert aber Zweifel, ob diese Ansicht sich in vollem Umfange werde aufrecht erhalten lassen. Er stellt fest, daß es im hohen Grade praktisches Bedürfnis sei, juristisch so zu konstruieren, daß die bloße Erlaubnis zur Benutzung der Erfindung aktiv und passim in rem erteilt werde, auch wenn das Verbietungsrecht gegen Dritte aus den §§ 4 und 35 PatG. oder die Ausschließlichkeit des Benutzungsrechtes nicht mit abgetreten werde, so daß der Lizenzerwerber und dessen Sonderrechtsnachfolger ein ihnen auch von den Sonderrechtsnachfolgern des Patentinhabers nicht entziehbares Recht erhalten.

Bolze kommt zu dem Schluß, daß gegen diese Konstruktion aus dem Patentgesetz keine entscheidenden Gründe zu entnehmen seien, denn wenn auch im § 11 nur „von der Erteilung der Erlaubnis zur Benutzung der Erfindung“ an andere die Rede wäre, so frage es sich eben, ob es in der Natur der Erteilung solcher Erlaubnis liege, daß sie aktiv und passiv nur in personam wirke. Dies ist nach Bolzes Auffassung zu verneinen und der Erlaubnis dingliche Wirkung beizulegen.

Im Anschluß an die Ausführungen Bolzes und zu ihrer Unterstützung weist auch Breuer[1]) darauf hin, daß das moderne Obligationenrecht die größte Beweglichkeit angenommen habe und eine Reihe von Erscheinungen aufweise, die seine personale Umgrenzung längst durchbrochen hätten.

„Unser Recht“, führt Breuer aus, „wahrt die Identität der Obligation selbst bei Wechsel der Obligation. Dadurch ist unser Recht imstande, trotz prinzipieller Aufrechterhaltung des obligatorischen Charakters des Rechtsverhältnisses gleichwohl die beiderseitigen Rechtsnachfolger in die nämliche Rechtsposition zu versetzen, die ihre Vorgänger innegehabt haben.“

Als Beispiel führt er das Mietrecht an, nach welchem bei Veräußerung einer im Besitz des Mieters befindlichen beweglichen Sache die Einrede aus der Miete auch gegen die Vindikation des Erwerbers wirksam ist (§ 986 Abs. 2 BGB.) und bei

---

[1]) Breuer a. a. O. S. 54.

Grundstücken, nach ihrer Überlassung an den Mieter, der Erwerber an Stelle des Vermieters in die sich während der Dauer seines Eigentums aus dem Mietverhältnis ergebenden Rechte und Verpflichtungen eintritt (§ 571 BGB.). Trotzdem bleibe die Miete rein obligatorisch.

Auch Gierke[1]) tritt für die positive Natur des Lizenzrechtes ein. Er sagt, daß der Lizenzvertrag nicht bloß einen obligationsrechtlichen Inhalt habe, er bewirke vielmehr zugleich einen Übergang von Erfinderrecht auf den Lizenzträger. Darum bestehe das gehörig begründete Lizenzrecht auch gegenüber jedem späteren Patentinhaber, der das Patentrecht nur insoweit erwerben könne, als es nicht schon auf andere übertragen war. Trotzdem werde es aber hierdurch nicht zu einem „absoluten" Rechte, wie Kohler, Seligsohn und Bolze annehmen, denn die Wirkung der erfolgten Veräußerung wider den Rechtsnachfolger des Veräußerers bestehe auch bei relativen Rechten.

Munk[2]) vertrat gleichfalls die positive Natur der Lizenz bereits zu einer Zeit, als in der Literatur und in der Judikatur noch die entgegengesetzte Meinung die vorherrschende war. Er begründet seine Ansicht unter Hinweis auf den wirtschaftlichen Charakter des Erfinderrechts, welches dem Urheber den Genuß des Erfindungsgedankens sichern wolle; eine der Arten, auf welche die Ausbeutung stattfinde, sei die Lizenzerteilung. Durch diese trete der Patentinhaber Teile seines Rechtes ab, und wenn die betreffende Industriegruppe mit Lizenzen gesättigt sei, dann habe sein Vorrecht aufgehört ein solches zu sein: „Ihm bleibt gewissermaßen nur mehr die eigene Lizenz und das Lizenzerteilungsrecht hinsichtlich der etwa doch noch hinzukommenden Interessenten. Sämtliche Lizenzen zusammen bilden das zur Expansion gelangte, in Geld umgewandelte Ausnutzungsrecht des Patentinhabers".

Den gleichen Standpunkt vertritt Munk noch an anderer Stelle[3]).

---

[1]) Gierke, DPrivR. Bd. 1 S. 890.

[2]) Munk, Die patentrechtliche Lizenz S. 18 ff.

[3]) Munk, Die Ausnutzung einer fremden patentierten Erfindung in rechtlicher und wirtschaftlicher Beziehung, im Jahrb. der Internationalen

Isay[1]) erblickt in der Lizenz gleichfalls ein positiv dingliches Nutzungsrecht und nicht nur den Verzicht des Patentinhabers auf die Geltendmachung des Rechtes aus dem Patent. Zur Begründung führt er den Fall an, wo das Patent von dem Rechte eines Dritten abhängig sei, so daß die Lizenz für den Lizenznehmer praktisch wertlos werde, weil er sie ohne Einwilligung des Dritten nicht benutzen könne. Wäre die Lizenz bloß der Verzicht auf Geltendmachung des Patentrechtes, so müßte der Lizenznehmer die Lizenzgebühr bezahlen, da dann ja der Lizenzgeber seinerseits geleistet hätte, was er zu leisten gehabt habe. Die Lizenz sei aber Übertragung des Benutzungsrechtes, daher hafte hier der Lizenzgeber wegen Nichterfüllung.

Isay versteht unter „Lizenz" das dingliche Benutzungsrecht der Erfindung, unter „Lizenzvertrag" den obligatorischen Vertrag, der auf die jenem Rechte entsprechende Tatsache der Benutzung gerichtet sei. In der Terminologie des Patentrechtes sei zwischen dem obligatorischen und dem dinglichen Vertrag kein Unterschied gemacht worden. Im Rechte der materiellen Güter, dem Sachenrechte, sei diese Unterscheidung ganz geläufig, und das Bürgerliche Gesetzbuch habe auch, um einer Verwirrung der beiden Begriffe vorzubeugen, den dinglichen Vertrag mit „Einigung", im Gegensatz zum obligatorischen „Vertrage", bezeichnet. Die Unklarheit und Unsicherheit, die der ganzen Lehre der Lizenz noch anhaften, so insbesondere die Streitfrage, ob die Lizenz dinglich oder obligatorisch wirke, rühre einerseits von der nicht genügend klaren Terminologie des Gesetzes her, andererseits von dem Umstand, daß obligatorischer und dinglicher Vertrag bei der Lizenzerteilung zeitlich regelmäßig zusammenfielen. Im § 6 PatG. sei der Vertrag gemeint, der unmittelbar den Übergang des Rechts bewirke, nicht der Vertrag, der bloß eine Verbindlichkeit zur Übertragung begründe; in der Regel werde aber der obligatorische Vertrag mit ihm verbunden sein, bezw. werde in dem obligatorischen Vertrage auch die Einigung

---

Vereinigung für vergleichende Rechtswissenschaft 5. Jahrg. 1899, Berlin 1902, S. 112 ff.

[1]) Isay, PatG. S. 180 ff.

über die dingliche Übertragung des entsprechenden Benutzungsrechtes enthalten sein. Ebenso wie regelmäßig in dem Kaufvertrage über eine Forderung deren Zession, oder in demjenigen über eine im Besitze des Käufers befindliche Sache deren Eigentumsübertragung enthalten sein werde[1]).

Auf den Unterschied zwischen der dinglichen Stellung des Lizenzträgers und seiner Stellung im Kreise des zweiseitigen Obligationsverhältnisses weist auch Kohler[2]) hin. Die erstere stellt er in Parallele mit derjenigen eines Servitutenberechtigten; als Typus des Obligationsverhältnisses zieht er in erster Linie den Mietvertrag an[3]).

Gegen Isays Ausführungen ist eingewandt worden, daß es sich nicht um die Frage handele, ob der obligatorische Vertrag den dinglichen stillschweigend bereits mit enthalte, oder ob der dingliche Vertrag dem obligatorischen regelmäßig erst nachfolgen müsse: es handele sich lediglich darum, ob der Lizenznehmer überhaupt eines dinglichen Rechtes teilhaftig werde[4]).

„Freilich, wenn man präsumiert, daß bei der Lizenzerteilung ein Teil des Patentrechtes übertragen werde, dann wirkt der diesen Übergang herstellende Vertrag zweifellos dinglich. Woher aber der Grund dieser Präsumtion? Man sucht ihn bei Isay vergeblich[5])".

Nach Kent[6]) ist der Lizenzvertrag ein obligatorischer Vertrag, während die Lizenz selbst, als eine zeitlich begrenzte oder dauernde Beschränkung des Patentrechts, dinglich ist. Sie sei aber nicht als eine dingliche Berechtigung im gewöhnlichen Sinne, wie z. B. Pfandrecht oder Nießbrauch, anzusehen, denn sie äußere Wirkungen nur zwischen dem Lizenznehmer und demjenigen, welchem ein Recht an der patentierten Erfindung zustehe, sowie zwischen den Rechtsnachfolgern dieser Personen.

---

[1]) Isay a. a. O. S. 187.

[2]) Kohler in GrünhutsZ. Bd. 25 S. 285.

[3]) vgl. auch Kent, Das Patentgesetz, Komm. Bd 1 S. 640 Nr. 151.

[4]) vgl. Breuer a. a. O. S. 49; Werneburg in Mitteilungen vom Verband deutscher Patentanwälte 16. Jahrg. S. 39 ff.

[5]) Breuer a. a. O. S. 50.

[6]) Kent, Das Patentgesetz, Komm. Bd. 1 S. 638 ff.

Die Folge sei, daß der Lizenznehmer keine Rechte gegenüber Dritten habe, die in widerrechtlicher Weise die Erfindung in Benutzung genommen hätten [1]), es sei denn, daß er eine ausschließliche Lizenz erworben habe. Letztere werde aber zumeist nicht als Lizenz im eigentlichen Sinne, sondern als Übertragung des Ausnutzungsrechtes anzusehen sein; und wenn auch beide Rechtsinstitute fast den gleichen Charakter haben, auch in Literatur und Rechtsprechung nicht immer streng geschieden würden, so bestehe doch zwischen ihnen ein wesentlicher Unterschied, indem die Lizenz nur ein Recht auf Benutzung der Erfindung gewähre, während bei der Übertragung der (beschränkten oder unbeschränkten) Ausnutzungsbefugnis das Recht an sich bei dem Veräußerer bleibe, die Befugnis zu dessen Ausnutzung aber auf den Erwerber übergehe. Der Ausnutzungsberechtigte könne demnach alle aus dem Patent entspringenden Rechte auch gerichtlich gegen jedermann geltend machen, er habe (innerhalb der Grenzen der ihm erteilten Berechtigung) die Befugnis zur Erteilung von Lizenzen, während dieses Recht dem Lizenznehmer ohne weiteres nicht zustehe. Kent verschließt sich indessen keineswegs der tatsächlichen Notwendigkeit, dem Berechtigten auch Dritten gegenüber ein Schutzrecht zu gewähren, wie er es dem Lizenznehmer (selbst wenn dieser eine ausschließliche Lizenz hat) nicht zuerkennt. Er hilft sich dieserhalb mit der Auslegung und sagt, daß man in der Praxis, ohne Rücksicht auf die von den Parteien gewählte Ausdrucksweise, festzustellen hat, ob die Absicht der Vertragschließenden auf Übertragung des Schutzrechtes oder nur auf eine bloße Gebrauchsgestattung ohne Erwerb des Schutzrechtes gegenüber dritten Personen gegangen sei [2]). Im Zweifel sei Übertragung des Ausnutzungsrechtes an-

[1]) So auch Kohler, Handb. d. Patentrechts S. 511, 550; Isay a. a. O. S. 191 ff.; Allfeld, Gewerbliches Urheberrecht S. 124. Die Ansicht hingegen, daß der Lizenznehmer mit Rücksicht auf die dingliche Natur der Lizenz eine selbständige Klage gegen Patentverletzer habe, vertreten: Seligsohn, Patentgesetz § 6 Nr. 9; Munk in Jahrb. f. vergl. Rechtsw. 1899 S. 127; Friedländer in KritVSchr. Bd. 40 S. 426,27; Bolze in GruchotsBeitr. Bd. 38 S. 75 ff., Bd. 39 S. 1 ff.

[2]) Kent beruft sich hierbei auf zwei Reichsgerichtsentscheidungen, deren auch für uns bedeutsamen Inhalt wir nachstehend wiedergeben: „Es

zunehmen, das ja auch Übertragung des Schutzrechtes zur rechtlichen Folge habe.

Auch nach Kaiser[1]) ist es verfehlt, im Lizenzvertrage nur einen Verzicht des Patentinhabers auf sein Verbietungsrecht zu erblicken; ebensowenig wie wenn man etwa den Mietvertrag als einen teilweisen Verzicht des Eigentümers auf sein absolutes Verfügungsrecht bezeichnen wollte. Um dem Begriff der Lizenz einen greifbaren Inhalt zu geben, müsse zu dem negativen Element des Verzichtes des Patentinhabers auf sein Verbietungsrecht, das in jeder Lizenz als etwas Selbstverständliches liege, ein positives Element hinzukommen, denn die Lizenzerteilung begründe für den Empfänger bestimmte Befugnisse, die sich grundsätzlich auf die Benutzung des Patentes richten. Die Frage, ob der Lizenzvertrag nach Analogie eines Pachtverhältnisses, das nur obligatorische Beziehungen zwischen den Parteien erzeuge, oder nach Analogie der Servituten (mit dinglicher Wirkung) zu behandeln sei, beantwortet Kaiser in dem Sinne, daß es gar nicht notwendig sei, mit solchen Analogien zu operieren, denn der Lizenzvertrag, der keines der Veräußerungsgeschäfte des bürgerlichen Rechtes oder des Handelsrechtes sei, sondern sich im Patentverkehr herausgebildet habe, sei als ein neues Gebilde zu betrachten und auch demgemäß zu behandeln. Die Bedürfnisse des Verkehrs haben auf dem Wege der Gewohnheit, des Gesetzes und der Rechtsfindung die Formen und den Inhalt

---

ist zu bemerken, daß der sich „Lizenzvertrag" nennende Vertrag ein Lizenzvertrag im eigentlichen Sinne des Wortes nicht ist; denn eingeräumt wird durch ihn für einen bestimmten Bezirk nicht lediglich das Recht zur Benutzung einer angeblichen Erfindung, sondern das ausschließliche Benutzungsrecht, also (unter örtlicher Beschränkung) das Recht der Benutzung mit dem Recht, allen anderen die Benutzung zu verbieten, und damit wurde mehr gewährt als eine bloße Lizenz" (I. Zivilsenat in Sachen Schulz u. Gen. kontra Komnik v. 3. 7. 1901 Nr. 188/1901, I [JW. 1901 S. 656]).

„Der Vertrag, auf den die Klage sich stützt, bezeichnet sich als Lizenzvertrag, ist aber, weil dem Beklagten für einen bestimmten Bezirk die ausschließliche Benutzung der patentierten Erfindung überlassen wurde, in Wahrheit ein örtlich beschränkter Patentübertragungsvertrag" (I. Zivilsenat in Sachen Kapst kontra Ogorek v. 20. 9. 1902 Nr. 117/1902, I [JW. 1902 S. 533]).

[1]) Kaiser, Das deutsche Patentgesetz S. 163.

derjenigen Gebilde geschaffen, die man als Rechtsgeschäfte und Rechtsverhältnise bezeichne, nicht habe sich umgekehrt der wirtschaftliche und rechtliche Verkehr bestehenden Vorschriften angepaßt. Wo dann die Bedürfnisse des Lebens neue Formen für ihre Ausgestaltung gebieterisch verlangten, habe man wohl versucht, auf dem Bestehenden weiterzubauen, man habe aber auch nie Bedenken getragen, neuen Verhältnissen durch neue Organisationen und Vorschriften entgegenzukommen. Der Patentverkehr sei mit den rechtlichen und obligatorischen Bestimmungen nicht ausgekommen, das sich entwickelnde Urheberrecht im allgemeinen, das Patentrecht im speziellen hätten Beziehungen und Bedürfnisse, die von den früheren Einrichtungen eben verschieden wären, und die Wirkungen und Begleiterscheinungen dieser unleugbaren Tatsache äußerten sich in Gebilden, die einer gewissen Ähnlichkeit mit früheren Verhältnissen nicht entbehren, aber auch ganz erhebliche Verschiedenheiten zeigen. Wenn wir den Lizenzvertrag als einen contractus sui generis betrachten, so bleibe immer noch die Frage nach seiner obligatorischen oder dinglichen Wirkung offen, und diese sei dahin zu beantworten, daß er seiner Natur nach weder obligatorischen noch dinglichen Charakters wäre, sondern je nach der Sachlage sowohl das eine als das andere sein könne. Man werde im einzelnen Falle den Inhalt des Vertrages zu prüfen oder den sonstwie erkennbaren Willen der Parteien zu erforschen haben: Im Zweifel, sagt Kaiser, d. h. wenn der Vertrag einen Anhaltspunkt für die Absicht einer dinglichen Wirkung nicht gewähre, werde er sich als obligatorischer darstellen, auf Grund der Erwägung, daß die obligatorische Wirkung die schwächere sei und im Zweifal der Erwerber eines Rechtes sich mit dem minderen Rechte begnügen müsse, wenn er das stärkere nicht nachweisen kann [1]).

Hiergegen möchte ich einwenden, daß man m. E. im Zweifel wohl eher eine dingliche, bezw. eine quasidingliche Wirkung des Vertrages annehmen muß, denn das dem Lizenznehmer eingeräumte Nutzungsrecht muß ihm schon mit Rücksicht auf die Aufwendungen, die er in der Regel für die Ausnutzung der Er-

---

[1]) Kaiser a. a. O. S. 165.

findung machen wird, auch gegenüber Veränderungen, die das Patentrecht später betreffen, dauernd gesichert bleiben. In diesem Sinne werden in den weitaus meisten Fällen die Parteivereinigungen zu verstehen sein, namentlich wenn der Ausdruck „Lizenz" gebraucht wird[1]).

Damme[2]) vertritt gleichfalls den Standpunkt, den das Reichsgericht in der oben angeführten Entscheidung v. 16. 1. 1904 eingenommen hat, geht aber noch weiter, indem er den quasidinglichen Charakter der Lizenz nicht nur auf den Fall der ausschließlichen Lizenz beschränkt, sondern auch auf jede andere Lizenz ausgedehnt wissen möchte, wenn dies als Wille der Parteien bei Bestellung der Lizenz anzusehen war. „Die wirtschaftliche Anschauung, nicht die begriffliche Vorstellung beherrsche diesen Vertrag, wie sie alle Verträge beherrschen sollte, und es wäre oft gegen Treu und Glauben, wenn der Patentinhaber sagen wollte, der Lizenznehmer habe zwar das aktive Nutzrecht, das negative Schutzrecht sei aber bei ihm — dem Patentinhaber — geblieben."

Seligsohn[3]) erkennt ebenfalls an, daß die Lizenz gemäß den Forderungen des Verkehrs und den Absichten der Beteiligten regelmäßig ein absolutes Recht gewähre. Hieraus folge nicht nur, daß der Lizenzträger einem späteren Erwerber des Patentes nicht zu weichen brauche, sondern auch, daß er gegen Patentverletzer, welche seine Lizenz beeinträchtigen, ein selbständiges Klagerecht habe. Natürlich könnten die Parteien beim Abschluß des Lizenzvertrages auch anderweitige Vereinbarungen getroffen haben; aber derartige Einschränkungen seien nicht zu vermuten, denn in der Regel entsprächen sie weder dem Parteiwillen noch dem wirtschaftlichen Bedürfnis, welches verlange, daß der Lizenznehmer die Möglichkeit habe, selbst gegen Patentverletzer vorzugehen.

Allfeld[4]) faßt die Lizenz als ein positives Recht auf,

---

[1]) vgl. Kent a. a. O. Bd. 1 S. 640; Seligsohn a. a. O. § 6 Nr. 9 S. 177

[2]) Damme, Das deutsche Patentrecht S. 394.

[3]) Seligsohn, Patentgesetz § 6 Nr. 8 S. 177.

[4]) Allfeld, Kommentar zu den Reichsgesetzen über das gewerbliche Urheberrecht S. 121 Anm. 9 zu § 6.

nicht als einen bloßen Verzicht des Patentinhabers gegenüber dem Lizenzträger. Es handele sich indessen nicht um ein dingliches Recht, welches gegen jedermann geltend gemacht werden könne [1]), wenn der Lizenzvertrag auch von dem Rechtsnachfolger des Patentinhabers zu respektieren wäre [2]).

Es fände § 571 BGB. analoge Anwendung, so daß der Rechtsnachfolger des Lizenzgebers nicht befugt wäre, dem Lizenzträger die der Lizenz entsprechende Benutzung der Erfindung zu verbieten [3]).

b) Rechtsprechung.

Nachdem das Reichsgericht in einer Entscheidung v. 19. 12. 1891 [4]) die uns beschäftigende Streitfrage berührt, aber dazu nicht Stellung genommen hat, die Richtigkeit der negativen Theorie immerhin aber als zweifelhaft hingestellt hat, ist es in seinen neueren Entscheidungen der positiven Theorie gefolgt.

So in der Entrcheidung v. 16. 1. 1904 [5]) und in der Entscheidung v. 1. 3. 1911 [6]).

Dem Inhalte nach unterscheidet das Reichsgericht zwei Gruppen von Lizenzen: In Bd. 75 S. 402 spricht es aus, daß nicht daran gezweifelt werden könne, daß der Lizenzgeber für die technische Ausführbarkeit der patentierten Erfindung zu haften habe. Diese Haftung wäre nur in den Fällen zu verneinen, wo der Lizenzvertrag sich von seiten des Lizenzgebers in der Erlaubnis der Benutzung der Erfindung erschöpfe, also

---

[1]) So Bolze bei Gruchot Bd. 39 S. 12; Munk, Die patentrechtliche Lizenz S. 166; Seligsohn a. a. O. § 6 Nr. 9.

[2]) vgl. Kohler, Handbuch des Patentrechts S. 511; Gierke, Deutsches Privatrecht S. 890.

[3]) Von andern Vertretern der positiven Theorie seien noch erwähnt: Hederich, Der Lizenzvertrag S. 21; E. Adler in GrünhutsZ. Bd. 27 S. 603ff.; Ebermayer in Stengleins Komm. Bd. 1 S. 131 Anm. 4 zu § 6 PatG.; Friedländer in KritVSchr. Bd. 40 S. 415ff.; Lau in „Gewerblicher Rechtsschutz u. Urheberrecht" Bd. 8 1903 S. 127—130.

[4]) RGSt. Bd. 31 S. 392.

[5]) RGZ. Bd. 57 S. 38.

[6]) RGZ. Bd. 75 S. 402.

nichts anderes enthalte als den Verzicht des Patentinhabers auf die Ausschließlichkeit seiner Berechtigung zugunsten des Lizenznehmers. Das Reichsgericht hebt hervor, daß es unstreitig so eng begrenzte Lizenzen gebe, führt indessen unter Hinweis auf seine Entscheidung in Bd. 57 S. 38 weiter aus, daß diese Beschränkung keineswegs eine charakteristische Eigenschaft des Lizenzvertrages wäre, daß es vielmehr in der überwiegenden Zahl der Fälle der Intention der Kontrahenten und dem von ihnen beabsichtigten wirtschaftlichen Ziele entspräche, daß dem Lizenznehmer ein positives Recht, ein quasidingliches Benutzungsrecht an dem Rechte des Inhabers des Patentes eingeräumt werde.

§ 14.

Eigene Ansicht des Verfassers.

a) Die Ansichten über das Wesen und die rechtliche Natur der Lizenz würden m. E. nicht so weit auseinandergehen, wenn das Patentgesetz eine klare Begriffsbestimmung und feste Normen für die in Frage kommenden Rechtsverhältnisse enthielte. Wenn dies nicht der Fall ist, mögen wohl gute Gründe für diese Unterlassung des Gesetzgebers vorgelegen haben; und dem ist in der Tat so. Es ist nicht Aufgabe des Rechtes, die Normen zu schaffen, nach denen sich das wirtschaftliche Leben abzuwickeln hat, sondern es hat im Gegenteil aus den tatsächlichen Lebensverhältnissen die Regeln herzuleiten, die man dann nach den Regelfällen als den mutmaßlichen Parteiwillen anzusehen hat. Fast das ganze Obligationenrecht enthält ja nur Vorschriften nachgiebiger Natur, und die Vertragstypen des Bürgerlichen Gesetzbuchs sollen nur den mutmaßlichen Parteiwillen widerspiegeln, der Sonderabmachungen freien Raum läßt.

b) Während die meisten Rechtsverhältnisse und Vertragsformen, die das Bürgerliche Gesetzbuch regelt, die Frucht einer tausendjährigen Entwicklung darstellen, so daß man es mit feststehenden, meist genau umschriebenen Begriffen zu tun hat, ist das ganze gewerbliche, literarische und künstlerische Urheberrecht mit allen mit ihm im Zusammenhang stehenden Rechtsverhältnissen als Schöpfung der Neuzeit eine noch im Werden begriffene Materie, deren Entwicklung ihren Abschluß noch lange nicht gefunden hat[1]. Der Gesetzgeber konnte deshalb noch nicht auf feststehenden Begriffen und auf einer stets wiederkehrenden, übereinstimmenden Ausdrucksweise der Parteien aufbauen. Man faßt eben in der Industrie unter dem Sammelnamen „Lizenzverträge" eine Reihe von Vereinbarungen zusammen, die einen sehr verschiedenen Inhalt haben können[2]; wäre dies nicht der Fall, dann würde es genügen, wenn die Parteien einfach sagten: „Wir schließen einen Lizenzvertrag über ein bestimmtes Patent — und sie hätten sich hinreichend über die Hauptsache verständigt — nicht anders etwa, als sich zwei Parteien über den Kauf eines Hutes mit den Worten: ‚Ich kaufe Ihnen den Hut für den und den Preis ab', völlig ausreichend verständigen[3]".

c) Lizenzverträge aber, die nicht bis in die Einzelheiten schriftlich oder gar notariell festgelegt werden, kommen erfahrungsgemäß in der Praxis gar nicht vor[4].

d) Wir haben durch die Aufzählung der verschiedenen Auffassungen erwiesen, daß zwei Richtungen sich gegenüberstehen hinsichtlich der Frage: „Wie wirkt der Lizenzvertrag?" Man kann die Vertreter der einen Richtung wohl als Negativisten, die der anderen als Positivisten bezeichnen.

e) Wenn ich mich nunmehr vor die Entscheidung gestellt sehe, welcher der beiden Ansichten ich folgen soll, so finde ich, daß

---

[1]) vgl. Stobbe, Deutsches Privatrecht Bd. 3 S. 8: „Die Urheberrechte sind eine besondere Art von Privatrechten, welche sich weder unter die Kategorien des Sachenrechtes, noch des Obligationenrechtes bringen lassen".

[2]) RGZ. Bd 75 S. 402.

[3]) Wodtke, Grundsätzliches zur Lizenzlehre, in „Gewerblicher Rechtsschutz und Urheberrecht" 19. Jahrg. S. 229.

[4]) Hederich, Der Lizenzvertrag, Charlottenburg 1919, weist in seiner kleinen, für die Praxis bestimmten Schrift auf die Notwendigkeit hin, bei der Kompliziertheit der Rechtsverhältnisse und der daraus entspringenden Fragen möglichst einfache, klare Bestimmungen zu treffen und alle Punkte zu regeln. Er gibt deshalb eine Zusammenstellung von nicht weniger als 88 Fragen, die bei der Aufstellung eines Lizenzvertrages zu berücksichtigen seien.

die aufgestellten Theorien insgesamt insofern an einem Mangel leiden, als sie nicht genügend die wirtschaftlichen Ziele und Zwecke berücksichtigen, die den jeweiligen Parteiabmachungen zugrundeliegen. Ich bin der Ansicht, daß, wenn man nicht nur die Ausführungen im vorhergehenden Paragraphen, sondern insbesondere auch die geschäftliche Praxis des täglichen Lebens berücksichtigt, man nicht einfach erklären kann: Der Lizenzvertrag gibt dem Erwerber eine positive Berechtigung, oder er enthält nur eine negative. Man ist heute noch nicht in der Lage, ein- für allemal die Natur des Rechtsverhältnisses bei allen Lizenzverträgen feststellen zu können; man wird eine genaue Differenzierung der einzelnen Verträge vornehmen müssen, welche m. E. dazu führen wird, im Einzelfalle bald von einer positiven Berechtigung, bald von einer negativen zu sprechen.

Nehmen wir als ersten den Übertragungsvertrag des Patentrechtes als solchen, so herrscht darüber kein Zweifel, daß hierbei dem Lizenznehmer das volle Recht des Patentinhabers (beschränkt oder unbeschränkt) übertragen wird, so daß in dessen Gefolge auch die sämtlichen daran sich knüpfenden positiven Befugnisse auf den Lizenznehmer übergehen. Dies wird aber auch in den weitaus meisten Fällen der Erteilung einer ausschließlichen Lizenz der Fall sein, denn hiermit wird in der Regel ein Vertrag über Übertragung des Ausnutzungsrechtes des Patentes zu erblicken sein[1]).

Nicht ganz so wird sich dies beim Lizenzvertrage im engeren Sinne verhalten. Hier möchte ich mich völlig auf den Standpunkt des Reichsgerichts, wie er aus der Entscheidung in Bd. 75 S. 402 hervorgeht, stellen und unterscheiden:

1. Kommt einer der gewiß seltenen, aber trotzdem denkbaren Verträge zustande, in denen weiter nichts vereinbart wird, als daß der Lizenzgeber dem Nehmer gegenüber auf sein Verbietungsrecht verzichten will, indem er ihm einfach die Benutzung der patentierten Erfindung gestattet, so werden wir hier die Position des Nehmers als allerschwächste vor uns sehen. So

---

[1]) vgl. Kent a. a. O. Bd. 1 S. 640.

wenig wie in solchem Falle der Erfinder dem Nehmer überhaupt schon für die Ausführbarkeit der patentierten Erfindung haftet, so wenig wird man hier von positiven Rechten des Nehmers sprechen können.

2. Anders liegt es bei dem normalen Lizenzvertrag, bei dem, wie das Reichsgericht in Bd. 75 sowohl wie in Bd. 57 hervorhebt, ein quasidingliches Recht auf den Erwerber übergeht. In solchem Falle kann es m. E. nach keinem Zweifel unterliegen, daß man von einer positiven Berechtigung des Nehmers in materieller und formeller Beziehung sprechen kann und muß. Es ist, wie ich auch gezeigt zu haben glaube, die wirtschaftliche Tendenz des Vertrages in allen Fällen auch das Wahrzeichen der positiven oder nur negativen Rechtsstellung des Lizenznehmers.

§ 15.

Patent- und Filmlizenz.

Wenn im vorstehenden ausschließlich von der Patentlizenz gesprochen wurde, so soll nunmehr die Frage erörtert werden, ob die Lizenz, welche sich im Filmgewerbe zeigt, in wirtschaftlicher und juristischer Beziehung sich mit jener Patentlizenz völlig deckt, oder ob Unterschiede und welche festgestellt werden können.

a) Es könnte zunächst die Tatsache in die Augen fallen, daß im Patentwesen der Urheberschutz erst mit dem Moment in die Erscheinung tritt, wo durch eine behördliche Urkunde, eben das vom Patentamt ausgestellte Patent, dem Erfinder der gewerbliche Schutz gewissermaßen verbrieft und versiegelt wird. Hiervon ist ja im Filmgewerbe nicht die Rede; hier wird, ebenso wie ganz allgemein beim literarischen und beim künstlerischen Urheberrecht, der Schutz nicht von dem Medium eines Briefes abhängig gemacht, sondern er erwächst unmittelbar ex lege für den Autor mit der Schöpfung.

Hieraus kann indessen m. E. ein begrifflicher Unterschied beider Erscheinungen nach der juristischen Seite nicht hergeleitet werden.

b) Die wirtschaftliche Seite anlangend, ist in beiden Fällen, sowohl bei Vergebung der Patentlizenz wie bei der Übertragung der Vorführungsrechte im Filmgewerbe, derselbe Zweck vorhanden. In beiden Fällen läuft es übereinstimmend auf die wirtschaftliche Verwertung eines Geistesproduktes hinaus. Daß dieses Produkt hier beim Film in anderer Weise in die Wirklichkeit tritt als dort bei einer Erfindung, kann m. E. den Grund für eine Unterscheidung nicht abgeben. Der Film ist das Ergebnis einer vorher bis ins kleinste festgelegten Vorbereitung. Er wird jedenfalls nie, wie es beim Patent bezw. einer Erfindung nicht selten der Fall sein mag, vom Spiel des Zufalls abhängig sein. Wie dem auch sein mag, jedenfalls stehen Filmhersteller und Patentinhaber mit einer fertigen Geistesschöpfung auf dem Markt und sind bereit, die ihnen zustehende ausschließliche gesetzliche Verwertung einem Dritten zu überlassen.

Ich gelange jedenfalls zu dem Ergebnis, daß auch in wirtschaftlicher und sonstiger Beziehung der Filmlizenzvertrag durchaus nichts verschiedenes vom Patentlizenzvertrag aufweist.

c) Bei der Untersuchung der Frage, ob die sogen. Patentlizenz identisch ist mit den Verträgen im Filmgewerbe, erscheint es notwendig, die Verträge dieses Gewerbebetriebes auseinanderzuhalten.

Es ergibt sich hierbei folgendes: Der Vertrag zwischen Hersteller und Verleiher (er mag als Vertrag Nr. 1 bezeichnet werden) hat einen durchaus anderen Inhalt und Erfolg als der Vertrag zwischen Verleiher und Theaterbesitzer, dem wir die Bezeichnung Nr. 2 geben wollen.

d) Beim Vertrag Nr. 1 überträgt, zum mindesten soweit es sich um den sogenannten Monopolvertrag handelt, der Hersteller die ihm zustehenden Vorführungsrechte in ihrer Totalität für einen bestimmten Bezirk und, sofern eine Befristung zwischen den Parteien nicht vereinbart worden ist, auf unbeschränkte Zeitdauer auf den Erwerber; er begibt sich seiner sämtlichen Befugnisse zugunsteu des letzteren und überläßt es diesem, die wirtschaftliche Ausbeutung des Erworbenen nach seinem freien Belieben und Ermessen vorzunehmen.

Der Erwerber erhält absolute und dingliche bezw. quasidingliche Rechte, er kann selbständig auf Unterlassung und auf Schadensersatz bei Verletzung seiner Rechte durch Dritte klagen und gegen diese sowohl zivil- als strafrechtlich auf Grund der §§ 31 ff. KunstUG. vorgehen.

Falls nichts anderes vereinbart, sind die Rechte des Monopolinhabers vererblich und veräußerlich, denn es handelt sich um Vermögensrechte und diese sind nicht an die Person des Inhabers gebunden [1]).

e) Wenn man auch in der Filmbranche diese Monopolverträge als Lizenzverträge zu bezeichnen pflegt bezw. von der Vergebung von Lizenzen spricht, so sind sie doch nicht als eigentliche Lizenzverträge im engeren Sinne anzusprechen; sie treten uns vielmehr als das entgegen, was man im Patentverkehr als „beschränkte oder unbeschränkte Übertragung des Patentrechtes selbst" bezeichnet.

Der Unterschied ist der: bei der Patentübertragung ebenso wie bei der ihm gleichwertigen Übertragung der Rechte an einem Film bleibt für den Übertrager überhaupt kein Recht mehr übrig, wie das bei der Lizenzerteilung im engeren Sinne durchaus der Fall ist.

Hierbei verbleiben nämlich dem Lizenzgeber nicht nur das Patent- bezw. Autorrecht als solches, sondern er ist auch in der wirtschaftlichen Verwertung seiner Rechte noch in weitem Maße ungestört, insofern er sowohl in der Lage ist, neben und außer der einen erteilten Lizenz je nach Bedarf und den an ihn herantretenden Wünschen eine Reihe anderer Lizenzen nach anderen Distrikten hin oder auch in demselben Distrikt nach verschiedenen Zeitfolgen hin zu vergeben. Diese Erscheinungen treten uns im Filmgewerbe beim Vertrag Nr. 2 entgegen.

f) Durch diesen Vertrag spaltet der Verleiher von dem ihm infolge des Vertrages Nr. 1 zustehenden Gesamtrechte einzelne Teile ab und setzt mittels dieser einen oder mehrere Theaterbesitzer in die Lage, das Filmurheberrecht wirtschaftlich zu verwerten.

---

[1]) vgl. Kohler, Deutsches Patentrecht 1. Abt. S. 159; Klostermann, Patentgesetzgebung S. 1υ8.

Insoweit würde ein Lizenzvertrag im engeren Sinne vorliegen, wenn man in ihm nicht einfach einen Pachtvertrag erblicken will. Eine Reihe von Autoren behandeln ja sowieso den einfachen Lizenzvertrag an sich nach Analogie der Pacht (vgl. S. 23); im Filmverkehr im besonderen wird man m. E., soweit Vertrag Nr. 2 in Betracht kommt, zu keinem anderen Resultat gelangen können.

g) Man kommt mit dieser Auffassung auch den Absichten der vertragschließenden Parteien und den praktischen Bedürfnissen am meisten entgegen, denn wenn wir gesehen haben, daß das Reichsgericht in seiner Entscheidung v. 1. 3. 1911 (Bd. 75 S. 402) zum Ausdruck bringt, daß man, was die Haftung des Patentinhabers für die Ausführbarkeit des Patentes anlangt, zwischen zwei Arten von Lizenzverträgen scheiden müsse: einmal denjenigen, wo der Patentinhaber weiter nichts verspreche, als daß er dem Lizenznehmer gegenüber auf die Ausschließlichkeit seines Patentes verzichten wolle, wobei von einer Haftung für die Ausführungsmöglichkeit nicht die Rede sei, andererseits aber hervorhebt, daß es in den meisten Fällen den Intentionen der Parteien entsprechen werde, daß der Lizenzgeber dem Nehmer ein positives, quasidingliches Recht übertrage, hierbei aber auch die Haftung für die Ausführbarkeit übernehme, so dürfte diese Unterscheidung für unseren Vertrag nicht in Betracht kommen, denn für diesen sind einfach die Vorschriften der §§ 581 u. 537 BGB. maßgebend; d. h. der Verleiher haftet dafür, daß der Theaterbesitzer den Film in einem die Vorführung ermöglichenden Zustand erhält. Eine Unterscheidung, wie sie das Reichsgericht in Bd. 75 für die Lizenz aufstellt, erscheint mir hierbei gänzlich unmöglich, denn es wird niemals einem Theaterbesitzer einfallen, sich einen Film zu pachten lediglich mit der Maßgabe, daß der Verleiher ihm gegenüber nichts weiter tun, als auf sein ausschließliches Recht verzichten solle.

Der Theaterbesitzer will selbstverständlich stets die volle Haftung für die Vorführbarkeit des Films gewährleistet haben.

Dritter Abschnitt.

Filmserien.

§ 16.

a) Allgemeines.

Es hat sich in dem Filmgewerbe immer mehr der Brauch herausgebildet, daß Films serienweise hergestellt, verkauft und vermietet werden. Von einer „Filmserie“ spricht man, wenn eine Anzahl von Films in einem gewissen, wenn auch oft nur oberflächlichen Zusammenhang miteinander steht, oder wenn die einzelnen Films gewisse Ähnlichkeiten unter sich aufweisen, so daß allen irgendetwas gemeinsam ist. In den meisten Fällen wird in ihnen derselbe Schauspieler oder dieselbe Schauspielerin die Hauptrolle spielen; es ist aber auch möglich, daß alle Films von demselben Spielleiter inszeniert worden sind, oder daß ihre Handlung von demselben Verfasser herrührt, oder auch nur, daß allen derselbe Grundgedanke gemeinsam ist.

Charakteristisch für die in Serien erscheinenden Films ist der Umstand, daß nicht mehr die einzelnen Films, sondern die ganze Serie den Gegenstand der Verträge zwischen den Parteien bildet.

b) Serienverträge zwischen Filmherstellern und -Verleihern.

Die Lieferungsverträge auf Filmserien zwischen Herstellern und Verleihern werden regelmäßig schon geraume Zeit vor ihrer Lieferung, ja vor der Herstellung der einzelnen Films abgeschlossen. Es handelt sich dann entweder um Kaufverträge zukünftiger Sachen oder um Werklieferungsverträge nach § 651 BGB. Wann die eine oder die andere Art von Verträgen vorliegt, ist aus den Umständen zu entnehmen: um den Kaufvertrag einer zukünftigen Sache wird es sich namentlich dann handeln, wenn der Fabrikant die betreffenden Films aus eigener Initiative und nicht nur mit Rücksicht auf einen bestimmten Erwerber und auf dessen Bestellungen hin anfertigt; um einen Werklieferungsvertrag dann, wenn er die Anfertigung erst auf Grund besonderer Bestellung und für Rechnung eines bestimmten Bestellers ausführt.

c) Serienverträge zwischen Verleihern und Theaterbesitzern.

Der Theaterbesitzer schließt seinerseits die Verträge auf Films in der Regel längere Zeit vor Beginn der eigentlichen Spielzeit ab, Verträge auf Serien gleichfalls oft, bevor sie überhaupt hergestellt sind. Der Grund dieser Erscheinung liegt in der für ihn bestehenden Notwendigkeit, über das Material seiner Vorführungen für die Zukunft sicher zu disponieren. Es liegt dann ein Pachtvertrag über zukünftige Sachen vor; solche Verträge sind möglich und rechtlich bindend[1]). Der Verpächter übernimmt in diesem Falle die Verpflichtung der Beschaffung der verpachteten Sache und es finden die allgemeinen Grundsätze über die Unmöglichkeit der Leistung bei gegenseitigen Verträgen gemäß §§ 306 ff., 323 ff. BGB. Anwendung.

§ 17.

Fragen, die sich an die Serienverträge knüpfen.

Die Einrichtung der serienweisen Herstellung und Verpachtung von Films hat in der Praxis zu einer Reihe von Streitfällen geführt, die meistens in dem Mangel von festen Abmachungen zwischen den Parteien, die in einer rechtlich und tatsächlich noch so ungewissen und im Werden begriffenen Materie doppelt not taten, ihren Ursprung haben.

So ist die Frage aufgetaucht, ob der Besteller einer Serie Anspruch darauf habe, daß er alle Films, welche die die betreffende Serie kennzeichnenden Merkmale aufweisen, geliefert erhält, oder ob der Hersteller nach Belieben einzelne Films als nicht zur Serie gehörig bezeichnen und anderweitig darüber verfügen könne?

---

[1]) vgl. Crome, System des deutschen bürgerl. R. Bd. 2, 1 S. 533/34.

Da, wie wir oben gesehen haben, der Begriff „Filmserie“ juristisch nicht festgelegt ist, muß es im Zweifel, d. h. wenn keine anderen Vereinbarungen getroffen worden sind, dem Hersteller freistehen zu bestimmen, welche Films zu einer Serie gehören sollen und welche nicht. Der Hersteller eines außergewöhnlichen Films, der besondere Aufwendungen an Geld und Zeit und Mühe gekostet hat, muß in der Tat die Möglichkeit haben, ihn als Sonderfilm für eine Sonderverwertung übrig zu behalten, um einen entsprechend höheren Preis dafür zu erzielen als für seine normalen Serienfilms. Dies gilt aber, wie gesagt, nur, soweit zwischen den Parteien keine anderen Abmachungen getroffen worden sind, oder soweit nicht aus den besonderen Umständen und aus der ganzen Sachlage etwas anderes hervorgeht. So kann der Verkauf einer bestimmten Serie unter der zwar nicht ausdrücklichen, aber als selbstverständlich betrachteten Voraussetzung geschehen, daß der Erwerber der Serie alle Films, die der Hersteller in der Saison mit demselben Schauspieler oder Spielleiter herausgeben wird, ausschließlich und allein erhalten soll. Ob aber eine solche stillschweigende Vereinbarung als vorliegend anzusehen ist, kann natürlich in der Praxis zu Streitigkeiten führen und wäre nach den besonderen Umständen des einzelnen Falles und nach den allgemeinen Grundsätzen über Treu und Glauben unter Berücksichtigung der Verkehrssitte im Filmgewerbe zu beurteilen.

So würde es z. B. in der Regel als nicht statthaft zu bezeichnen sein, wenn der Hersteller, der eine bestimmte Serie an einen Filmverleiher verkauft hat, trotzdem gleichartige und gleichwertige Films, die eigentlich auch in diese Serie gehörten, an einen anderen Abnehmer liefert, etwa weil ihm dieser einen höheren Preis bezahlt.

Die einerseits zwischen Herstellern und Filmverleihern, andererseits zwischen diesen und den Theaterbesitzern abgeschlossenen Verträge lassen aber noch eine Reihe anderer Fragen offen, die in Ermangelung gesetzlicher Regelung ihre Beantwortung nur auf Grund dessen, was in dem Gewerbe üblich ist, finden können. Hierüber gehen aber die Ansichten häufig auseinander; ein eigentliches, allgemein anerkanntes Gewohnheitsrecht oder eine feste Verkehrs- oder Handelssitte (im Sinne des § 242 BGB. oder des § 346 HGB.) hat sich naturgemäß bei der Kürze der vorhandenen Entwicklung nur in beschränktem Maße gebildet.

So können Streitigkeiten darüber entstehen, aus wie vielen einzelnen Films eine Serie bestehen und wie lang jeder einzelne Film sein soll, in welchen Zwischenräumen sie zu erscheinen haben, wann der erste und wann der letzte Film herausgebracht werden soll usw. Differenzen über diese und andere Punkte lassen sich in der Praxis nur durch klare Abmachungen vermeiden, die umso gebotener erscheinen, als es sich im Filmgeschäft größtenteils um hohe Vermögensobjekte und um wichtige Interessen handelt. Treffend schreibt über diese Frage die Fachzeitschrift „Die Lichtbildbühne“ 11. Jahrg. Nr. 33 S. 17 u. 18

> „Wer eine Filmserie kauft, erwirbt nur das Recht, die ausdrücklich als zur Serie gehörig bezeichneten Films für sich in Anspruch zu nehmen. Das ist als Normalfall festzuhalten. Gehen die Ansprüche des Käufers darüber hinaus, so wird er gut tun, bei der schwankenden Rechtslage seine besonderen Wünsche über Umfang und Inhalt der Serie vertraglich festzulegen. Aber einfach einen Abschluß über eine Serie zu tätigen und dann zu dem festgesetzten Preis auch die Sonderfilms zu beanspruchen: das macht einen Widerspruch offenbar, der zum Heile der Filmindustrie einmal gelöst werden muß. Streitigkeiten verstimmen immer, und darum würden in Zukunft die vertragschließenden Parteien am besten tun, in ihren Abschlüssen den Begriff „Serie“ durch genauere Merkmale auch juristisch einwandfrei darzulegen, zumal die Auffassungen hierüber in der ganzen Branche sehr geteilt sind“.

Wir können uns diesen Ausführungen nur anschließen, mit dem Hervorheben, daß mangels feststehender Sonderrechtssätze der angerufene Richter seiner Entscheidung die allgemeinen Grundsätze des Bürgerlichen Gesetzbuches über Verträge, über Treu und Glauben und über Auslegung (§§ 133, 157, 242) anzu-

4*

wenden haben wird. Soweit sich ein Gewohnheitsrecht schon festgelegt haben sollte, wird hier § 293 ZPO. Platz greifen.

§ 18.

Die Abnehmerrechte bei vertragswidriger Einzellieferung innerhalb der Serie.

Im nachstehenden soll uns des näheren die Frage beschäftigen, welche Rechte dem Abnehmer einer Serie zustehen, wenn die ersten Lieferungen vertragswidrig erfolgen, sei es, daß die Films mangelhaft sind, sei es, daß sie nicht rechtzeitig fertig werden. Ist der Abnehmer alsdann verpflichtet, weitere Lieferungen abzuwarten, oder kann er auf Grund der gemachten schlechten Erfahrungen schon vordem einseitig von dem Vertrag zurücktreten, weil er befürchten muß, daß auch die noch außenstehenden Lieferungen seinen Erwartungen nicht entsprechen?

Diese Frage führt uns auf das Gebiet der Sukzessivlieferungsverträge, deren rechtliche Behandlung zu vielen Streitigkeiten Anlaß gegeben hat. Es sei hier Gelegenheit geboten, bezüglich unseres Spezialthemhs auf dieselben etwas näher einzugehen.

Vorausgeschickt seien zunächst einige kurze Erörterungen über die Begriffe: Dauerleistung, Dauervertrag, Sukzessivlieferungsvertrag.

Dauerleistung.

Die Erfüllung eines Schuldverhältnisses kann entweder in einer einmaligen vorübergehenden oder in einer dauernden Leistung bestehen.

Savigny[1]) versteht unter einer vorübergehenden Leistung eine solche, die nur ein augenblickliches Dasein hat oder die als keinen Zeitraum erfüllend gedacht wird, indem die auch für sie allerdings erforderliche geringe Zeit nicht in Betracht kommt und als gleichgültig erscheint; so die Zahlung, die Übergabe von Geld und anderen Sachen, während die dauernden Leistungen

---

[1]) Savigny, Obligationenrecht Bd. 1 S. 302.

sich stets über einen ganzen Zeitraum verbreiten, so daß diese Zeitausfüllung zu ihrem Wesen gehört.

Windscheid-Kipp[1]) nennt die Leistung eine vorübergehende oder dauernde, je nachdem sie die Willenstätigkeit in einer nur vorübergehenden oder in einer dauernden Weise in Anspruch nimmt.

Dauernd ist die negative Leistung, aber auch die positive ist es häufig (z. B. die Leistung des Vermieters, Geschäftsführers, des Gesellschafters usw.).

Der wesentliche Unterschied zwischen beiden besteht also darin, daß die vorübergehende Leistung ihrer Natur nach dem Gläubiger an einem Zeitpunkt erbracht werden muß, während die Erfüllung einer Dauerleistung sich über einen Zeitraum erstreckt[2]).

Dies kann in zweierlei Form geschehen: entweder füllt die Leistung von ihrem Beginn bis zu ihrem Ende den Zeitraum ohne Unterbrechung aus; oder sie wird durch einzelne, unter sich selbständige, zeitlich aufeinanderfolgende Erfüllungshandlungen erbracht. Einzelne Autoren, wie Staudinger[3]) und Siber[4]), verstehen unter Dauerleistungen nur die ersten; diese zu enge Auffassung wird aber von anderen, wie Gierke[5]), nicht geteilt.

Dauerverträge.

So gut wie von Dauerleistung spricht man auch von Dauerverträgen und versteht darunter solche, die mindestens für einen der Teile die Verpflichtung zur Erbringung einer dauernden Leistung zum Inhalt haben, und diese zerfallen entsprechend der obigen Einteilung der Dauerleistungen in zwei Gruppen:

---

[1]) Windscheid-Kipp a. a. O. Bd. 2 S. 15.

[2]) vgl. Gierke, Deutsches Privatrecht Bd. 3 S. 86–95; Gierke, Dauernde Schuldverhältnisse, in JheringsJ. Bd. 64 S. 357; Steinberger, Die Verträge auf dauernde Leistungen S. 6.

[3]) Staudinger, Komm. z. BGB., Recht der Schuldverhältnisse I Bd. 2 S. 272.

[4]) Siber, Die Theorie von Schuld und Haftung nach Reichsrecht, in JheringsJ. Bd. 50 S. 180.

[5]) Gierke in JheringsJ. Bd. 64 S. 357.

1. die Verpflichtung des Schuldners ist auf eine, innerhalb zeitlicher, vertraglich festgesetzter Grenzen ohne Unterbrechung andauernde, kontinuierliche Leistung und auf die Erhaltung eines bestimmten Rechtszustandes gerichtet, so z. B. bei der Miete und Pacht, bei dem Dienstvertrag, dem Verwahrungsvertrag, dem Gesellschaftsvertrag, ferner bei allen Verpflichtungen, die auf ein Unterlassen gehen[1]), oder

2. die Erfüllung hat nicht in einem einmaligen Rechtsakt, sondern in einer Mehrzahl von gleichartigen, zeitlich aufeinanderfolgenden Handlungen zu geschehen. Dies entweder wegen der Rechtsnatur des Schuldverhältnisses an und für sich, wie z. B. bei den verschiedenen Verpflichtungen zu Rentenleistungen, die sowohl auf sachen- und familienrechtlichen, als auf obligatorischen Rechtsverhältnissen beruhen können, oder weil der Parteiwille bei Vertragsabschluß auf zukzessive Erfüllung durch in Abständen wiederkehrende Einzelhandlungen gerichtet war. Hierauf sei im folgenden Paragraph näher eingegangen.

§ 19.

Sukzessivleistungsverträge.

Die oben bezeichnete Gruppe von Verträgen bezeichnet man als Sukzessivleistungsverträge oder Sukzessivgeschäfte. Am häufigsten kommen sie im Gebiete des Kaufes vor, wenn in einem einheitlichen Vertrag ratenweise Lieferung vereinbart ist[2]), und man spricht dann von Sukzessivlieferungsverträgen; es gibt aber auch Werkverträge mit Sukzessivleistung, wenn die durch sie begründete Verpflichtung sich nicht in der Herstellung eines einzigen Erfolges erschöpft, sondern auf eine Mehrheit von einzelnen Frfolgen gerichtet ist[3]), z. B. es hat ein Bauunternehmer nacheinander eine Reihe von Arbeitshäusern auf dem Grundstücke eines industriellen Unternehmens zu errichten.

---

[1]) Gierke in JheringsJ. Bd. 64 S. 360.

[2]) vgl. Staub, Komm. z. HGB. Bd. 2 E zu § 374 Anm. 135; Oertmann, BGB., Recht der Schuldverhältnisse Bd. 3 S. 373, 2.

[3]) Steinberger a. a. O. S. 18.

Auch bei Mietverträgen kann vereinbart werden, daß die Mietsache dem Mieter nicht dauernd, sondern nur in gewissen Abständen oder gelegentlich bestimmter sich wiederholender Ereignisse zum Gebrauche überlassen werde; so bei Miete von Ausstellungslokalen zur Benutzung während einer Messe, Miete eines Fuhrwerks zum Gebrauch an bestimmten Stunden oder Wochentagen. Ebenso können Leihverträge des Inhalts geschlossen werden, daß dieselben Sachen zu verschiedenen Zeiten oder mehrere Sachen nacheinander dem Entleiher überlassen werden sollen[1]).

In der Praxis am weitaus wichtigsten sind die Sukzessivlieferungsverträge, die auf Kauf- oder Werklieferungsgeschäft beruhen. Staub[2]), der sich zuerst mit ihnen beschäftigt hat, stellt für sie als Erfordernisse auf, daß ein einheitlicher Vertrag vorliege und daß ratenweise Lieferung vereinbart sei. E. Müller[3]) verlangt außerdem, daß für jede Rate gesonderte Zahlung vereinbart sei, und daß es sich nur um Lieferung von der Gattung nach bestimmten Sachen handele. Die Notwendigkeit gesonderter Zahlung wird indessen bestritten[4]), m. E. mit Recht, denn wenn es auch als das Übliche angesehen werden kann, daß der Käufer bei ratenweiser Lieferung auch ratenweise zahlt, so könnte doch ebensowohl eine einheitliche Preisabrede und Preiszahlung vereinbart werden, so daß der Preis entweder im voraus oder nachträglich auf einmal entrichtet wird, ohne daß dies an der rechtlichen Natur des Geschäftes etwas ändert[5]). Ebensowenig ist es m. E. nach für Sukzessivlieferungsverträge wesentlich, daß ihr Gegenstand nur der Gattung nach vereinbart ist, wenn dies auch das Gewöhnliche sein wird; Verträge über Sukzessivlieferungen von individuell bestimmten (Spezies) Sachen werden zwar selten vorkommen, sind aber möglich; man denke

---

[1]) Hesse, Die Verträge auf festgesetzte Lieferungen S. 1.

[2]) Staub a. a. O. Exk. zu § 374.

[3]) E. Müller, Der Sukzessivlieferungsvertrag, in GruchotsBeitr. Bd. 50 S. 508.

[4]) So Makower, Komm. z. HGB. S. 1208 XV a.

[5]) vgl. Steinberger a. a. O. S. 17.

z. B. an den Vertrag einer Kunsthandlung mit einem jungen Maler über seine gesamte Jahresproduktion von Gemälden[1]).

§ 20.

Einzelverträge oder Gesamtvertrag?

Wesentlich ist bei allen Sukzessivgeschäften die wirtschaftliche Selbständigkeit einer jeden Rate, die an und für sich auch den Gegenstand eines besonderen Vertrages bilden könnte. Es ist deshalb auch die Ansicht vertreten worden, daß bei diesen Geschäften in bezug auf jede einzelne Leistung ein selbständiger Vertrag vorliege, der auf Grund eines Hauptvertrages zustande komme[2]). Letzterer sei bloß ein Vorvertrag, ein pactum de contrahendo, gerichtet auf den Abschluß der Einzelverträge für die verschiedenen Raten. Dieser Ansicht ist indessen nicht beizustimmen, denn wenn nur ein Vorvertrag vorläge, könnte nicht auf Leistung geklagt werden, sondern erst auf Abschluß des eigentlichen Vertrages selbst. Die Literatur und die Rechtsprechung hat denn auch, den Bedürfnissen des Verkehrs Rechnung tragend, einen einheitlichen Vertrag angenommen[3]).

Wenn wir die obigen Ausführungen auf unseren Filmvertrag anwenden, so scheint hervorzugehen, daß derselbe ein typischer Sukzessivlieferungsvertrag ist, welcher hinsichtlich der Beziehungen zwischen Herstellern und Verleihern auf Kauf und hinsichtlich der Beziehungen zwischen Verleihern und Theaterbesitzern auf Pacht beruht. Bei einem Filmlieferungsvertrag liegt in der Tat ein einheitlicher obligatorischer Vertrag vor, auf Grund dessen in mehr oder weniger genau bestimmten zeitlichen Abständen die Lieferung der einzelnen Films der Serie (von denen allerdings ein jeder ebensogut Gegenstand eines besonderen Kauf- oder Pachtvertrages sein könnte) erfolgen soll.

---

[1]) vgl. Engelke, Das Rücktrittsrecht des Gläubigers bei dem Sukzessivlieferungsvertrage S. 16; Gekeler, Die rechtlichen Besonderheiten des Sukzessivlieferungsvertrages S. 9; Staub a. a. O. Bd. 2 S. 1477 Anm. 37.

[2]) vgl. Gekeler a. a. O. S. 9 und die daselbst Zitierten.

[3]) vgl. auch Engelke a. a. O. S. 13.

§ 21.

Lieferungsunmöglichkeit und -unvermögen sowie Verzug. Positive Vertragsverletzungen.

Bei Lieferungsunmöglichkeit und -unvermögen und bei Lieferungsverzug werden selbstverständlich die allgemeinen Grundsätze des Bürgerlichen Gesetzbuches Anwendung finden, die in den §§ 283, 286, 326, 327, 361 aufgestellt sind. Für die Anwendung auf unsere Filmverträge ergeben sich keine Besonderheiten, so daß es sich erübrigt, näher darauf einzugehen.

Abgesehen von der objektiven und subjektiven Unmöglichkeit der Leistung, die im Gesetz erschöpfend geregelt sind, gibt es aber noch zahlreiche andere Fälle von großer Wichtigkeit, in denen der Schuldner seine vertragliche Verpflichtung verletzt, über welche das Bürgerliche Gesetzbuch aber keine ausdrücklichen Bestimmungen enthält. Diese Fälle liegen dann vor, wenn „jemand tut, was er unterlassen soll, oder die Leistung, die er zu bewirken hat, zwar bewirkt, aber fehlerhaft“ [1]).

Man spricht hier bekanntlich von den positiven Vertragsverletzungen [2]); auch diese können für die Filmserienverträge in Betracht kommen.

Wenn auch in Theorie und Praxis Streit darüber herrscht, welche Paragraphen des Gesetzbuches auf die positiven Vertragsverletzungen Anwendung zu finden haben, so besteht doch, namentlich in der Praxis, Einmütigkeit darüber, daß dem Gläubiger in solchen Fällen die Ansprüche auf Schadensersatz und auf Rücktritt vom Vertrage, bezw. befristeter oder unbefristeter Kündigung zuzubilligen sind.

Die Anwendung der Grundsätze des Bürgerlichen Gesetzbuches und der Lehre von den positiven Vertragsverletzungen ergibt für die Filmserienverträge folgende Resultate:

---

[1]) vgl. Staub, Die positiven Vertragsverletzungen S. 5.

[2]) vgl. Staub, Die positiven Vertragsverletzungen; Lehmann, Die positiven Vertragsverletzungen, im ArchZivPrax. Bd. 96 S. 91 ff.; Dernburg, Über das Rücktrittsrecht des Käufers wegen positiver Vertragsverletzungen, in DJZ. 1903 S. 1 ff.; Jacobi, Zur Lehre vom Sukzessivlieferungsvertrage, in GruchotsBeitr. Bd. 50 S. 240 ff.

a) Hersteller — Verleiher.

Abgesehen von dem Fall der Nichtlieferung, für welchen, wie wir gesehen haben, im Gesetz eine genaue Regelung vorgesehen ist, kann der Filmhersteller bei einem Filmserienlieferungsvertrage mit einem Verleiher gegen seine Verpflichtungen entweder dadurch verstoßen, daß er einzelne Films unpünktlich liefert, oder daß er zwar pünktlich, aber Films mangelhafter oder vertragswidriger Beschaffenheit liefert. Die Mängel können sich sowohl auf die technische Ausführung, z. B. die Photographie, als auch auf die künstlerischen Eigenschaften, Spiel der Künstler, Inhalt der Handlung, Ausstattung usw. beziehen. Es ist aber auch möglich, daß an dem Film als solchem nichts auszusetzen ist, daß er aber den getroffenen Vereinbarungen nicht entspricht; an Stelle eines Dramas z. B. wird etwa ein Lustspiel geliefert, oder es wirken in ihm andere schauspielerische Kräfte mit, als ausbedungen war, usw.

In allen diesen Fällen stehen dem Verleiher je nach der besonderen Sachlage die Rechte auf Schadensersatz bezw. das Recht des Rücktritts bezüglich des betreffenden einen, in Frage kommenden Films zu.

Erwähnt sei hierbei auch der Fall, daß vereinbart wurde, daß die Lieferung an einem genau bestimmten Tag oder innerhalb einer festbestimmten Zeit zu erfolgen habe, daß also ein sogen. Fixgeschäft vorliegt. Dies wird im Filmverkehr häufig der Fall sein, und es steht dann im Zweifel dem Verleiher, wenn die Lieferung nicht pünktlich erfüllt, das Rücktrittsrecht aus § 361 BGB. zu, wobei weder Schuldnerverzug, noch Setzung einer Nachfrist, noch Nachweis des Fortfalles des Interesses an der Lieferung vorausgesetzt wird. Wenn indessen mindestens einer der beiden Teile Kaufmann im Sinne des Handelsgesetzbuches ist und das Geschäft im Betrieb seines Handelsgewerbes geschlossen hat, werden die Bestimmungen des § 376 BGB. über das Fixgeschäft Platz greifen, nach welchem der nichtsäumige Teil bei Unterbleiben der Leistung nach seiner Wahl das Recht hat, entweder sofort vom Vertrag zurückzutreten, auch ohne Schuldnerverzug, oder bei Verzug des Schuldners statt der Erfüllung Schadensersatz wegen Nichterfüllung, event. Erfüllung und Schadensersatz wegen verspäteter Erfüllung zu fordern.

Aber auch bezüglich der übrigen noch zu liefernden Films der Serie kann außerdem der Verleiher unter Umständen das Rücktrittsrecht geltend machen und Aufhebung des ganzen Lieferungsvertrages verlangen. Dies wird vor allem dann der Fall sein, wenn der Fabrikant bereits bei mehreren Films durch verspätete oder mangelhafte Lieferung seinen Verpflichtungen nicht nachgekommen ist, so daß die Befürchtung begründet ist, daß er hierzu auch für die Folge nicht in der Lage sein werde, und daß auch bezüglich der übrigen noch zu liefernden Films eine gleiche Schädigung des Verleihers eintreten werde.

Ob dies schon bei einer einmaligen Vertragsverletzung der Fall sein kann, wird von den besonderen Umständen abhängen. Die Verletzung müßte jedenfalls eine so erhebliche sein, daß sie eine wesentliche Gefährdung oder gar Vereitelung des Vertragszweckes herbeiführt[1]).

Ein solcher Fall, daß also der Käufer einer Filmserie wegen schlechter oder unpünktlicher Lieferung des ersten Films von dem ganzen Vertrage zurücktreten kann, dürfte allerdings in der Praxis kaum vorkommen oder zum mindesten sehr selten sein. Er wäre dann denkbar, wenn der erste gelieferte Film anerkanntermaßen oder in ganz offensichtlicher Weise die besonders zugesicherten und angepriesenen Eigenschaften vollständig vermissen ließe, und daß die gesamten technischen und künstlerischen Einrichtungen der Fabrik oder andere, nicht abzuändernde Umstände es als ausgeschlossen erscheinen lassen, daß die übrigen noch herzustellenden Films vertragsmäßig geliefert werden können; so z. B. wenn es sich herausstellen sollte, daß die künstlerischen Leistungen des Hauptdarstellers, des Trägers der ganzen Serie entgegen den Anpreisungen des Herstellers absolut unzulänglich sind.

b) Filmverleiher — Theaterbesitzer.

Was hier über die Rechtslage zwischen Filmherstellern und Verleihern gesagt worden ist, gilt entsprechend auch für die

[1]) vgl. hierzu RGZ. Bd. 57 S. 5.

Beziehungen zwischen letzteren und den Theaterbesitzern, so daß diese unter den gleichen Voraussetzungen von dem ganzen Vertrage zurücktreten können, wenn infolge positiver Vertragsverletzungen des Verleihers eine wesentliche Gefährdung oder Vereitelung des Vertragszweckes befürchtet werden muß.

Da aber in den weitaus meisten Fällen die gegenseitigen Rechtsbeziehungen zwischen Theaterbesitzern und Filmverleihern durch die zwischen ihren Berufsorganisationen festgesetzten allgemeinen Bezugsbedingungen geregelt sind und im Abschnitt 5 ausführlich besprochen werden sollen (unten S. 63 ff.), so sei auf diese Darstellung verwiesen. Bemerkt sei nur schon hier, daß für den Fall der Lieferung mangelhafter Films in diesen Lieferungsbedingungen keine besonderen Bestimmungen enthalten sind, daß hingegen der Fall des Verzuges des Verleihers genau geregelt ist.

Vierter Abschnitt.

Haftung für Mängel im Recht und Sachmängel und Tragung der Gefahr bei Unmöglichkeit der Vorführung.

§ 22.

Der Kaufvertrag über die einzelnen Filmkopien.

Über den Inhalt des Filmkaufvertrages ist bereits oben auf S. 10 gesprochen und ausgeführt worden, daß derselbe sowohl die einzelnen Filmkopien als das Vorführungsrecht umfaßt.

Was die Haftung des Herstellers anbelangt, so kommen sowohl die Mängel im Recht als die Sachmängel in Frage und schließlich die Gefahrtragung bei Unmöglichkeit der Vorführung.

a) Mängel im Recht.

Es gelten dieselben Rechtsgrundsätze wie für andere körperliche Sachen, und zwar finden die §§ 434 ff. und 320—327 BGB. Anwendung.

Gemäß § 434 ist der Verkäufer verpflichtet, dem Käufer die Films frei von Rechten jeder Art, dinglichen oder persönlichen [1]), die von Dritten geltend gemacht werden können, zu übergeben, es sei denn, daß der Käufer diese Rechte kannte, oder daß er dem Verkäufer die Haftung im Vertrag erlassen hat (§§ 439, 443).

Im Filmgewerbe könnte die Bestimmung des § 434 für den Fall von Bedeutung werden, daß der Fabrikant bereits vor dem Verkauf direkt mit Theaterbesitzern Mietverträge abgeschlossen, oder Vormietungsrechte, Optionen usw. eingeräumt hat; für solche Fälle würde die Bestimmung des § 440 Abs. 1 Platz greifen, wonach, falls der Verkäufer die ihm nach den §§ 433 bis 437, 439 obliegenden Verpflichtungen nicht erfüllt, die Rechte des Käufers sich nach den Vorschriften der §§ 320—327 bestimmen.

Damit ist dem Käufer eine Reihe von Möglichkeiten eröffnet; so kann er z. B. die Einrede des nicht erfüllten Vertrages erheben und Zahlung verweigern. Oder er klagt auf Erfüllung, d. h. Beseitigung des Rechtsmangels, nebst Schadensersatz im Falle des Verzuges, oder er verlangt Schadensersatz wegen Nichterfüllung, oder er tritt vom Vertrage zurück. Dernburg will ihm auch den Anspruch auf Minderung zubilligen [2]).

b) Sachmängel.

Was die Sachmängel betrifft, ergibt sich, daß man hier bezüglich der Filmverkäufe zu gar keinen Besonderheiten gelangt, und es erscheint darum am Platz, auch hier nur kurz auf die allgemeinen Bestimmungen des Bürgerlichen Gesetzbuchs hinzuweisen. Gemäß den §§ 459 u. 463 hat also auch ein Filmverkäufer dafür einzustehen, daß die Films nicht mit Fehlern behaftet sind, wie sie der § 459 darstellt, bezw. er hat gemäß § 463 dafür einzustehen, daß sie besonders zugesicherte Eigenschaften auch aufweisen. Als besondere Mängel der Films könnten in Frage kommen entweder technische Fehler, z. B. Mängel der photographischen Aufnahme, Mängel der Perfora-

---

[1]) JW. 1911 S. 362.

[2]) vgl. Dernburg, BGB. Bd. 2, 2 § 181 III, 3 S. 52.

tion [1]), Mängel des Zelluloidbandes selbst, Sprödigkeit usw., oder Mängel in künstlerischer Hinsicht, schlechte Leistungen der Darsteller oder der Spielleitung, dürftige Autstattung der einzelnen Szenen, die dem Ganzen das Gepräge einer vornehmen Aufmachung rauben. Die Folgen sind die gewöhnlichen des Gesetzes, also Wandlung, Minderung, Schadensersatzansprüche, Lieferung einer mangelfreien Sache. Den letzteren Anspruch wird der Käufer eines Films dann geltend machen, wenn nicht das Filmbild als solches, sondern die einzelnen Kopien des an sich nicht zu beanstandenden Filmnegatives technische Mängel aufweisen; diese Kopien oder Positivfilms, welche in beliebiger Anzahl herstellbar sind, sind als Gattungssachen anzusehen, das Negativ dagegen als eine Speziessache.

§ 23.

Der Kaufvertrag über das Vorführungsrecht.

Was sodann den Kaufvertrag über das Vorführungsrecht anbelangt, so bestimmt das Gesetz im § 439 nur ganz allgemein, daß der Verkäufer eines Rechtes verpflichtet ist, dem Käufer das Recht zu verschaffen und, wenn das Recht zum Besitz einer Sache berechtigt, die Sache zu übergeben. Der Filmkäufer hat also auch ohne besondere Abrede Anspruch darauf, daß er bei Monopolverträgen bei Erwerb der Vorführungsrechte auch die nötigen Kopien vom Hersteller erhält.

Der Verkäufer hat dem Käufer das Recht der öffentlichen Vorführung zu verschaffen; dies setzt natürlich voraus, daß das Recht selbst voll besteht, so daß es ungehindert ausgeübt werden kann. Es darf einerseits nicht von anderer Seite, etwa aus urheberrechtlichen Gründen, bestritten werden können; andererseits darf es dem Hersteller nicht aus öffentlichrechtlichen Gründen von der Behörde abgesprochen worden sein; der Film

---

[1]) Hierunter sind zu verstehen die in mathematisch genauen Abständen an den Rändern der Bildstreifen angebrachten Löcher, die zur Führung des Films durch den Vorführungsapparat dienen, von deren einwandfreier Beschaffenheit eine gute Vorführung des Films durchaus abhängig ist.

darf also in den Bezirken, wo eine amtliche Zensur noch zu Recht besteht, nicht verboten worden sein, weil ja dann ein Recht der öffentlichen Vorführung gar nicht besteht und deshalb nicht den Gegenstand eines Vertrages bilden kann.

Exkurs über den heutigen Stand der Filmzensur.

Durch die programmatische Erklärung des Rates der Volksbeauftragten in dem Aufrufe v. 12. 11. 1918 ist bestimmt worden, daß eine Zensur nicht mehr stattzufinden hat und daß die Theaterzensur aufgehoben wird.

Durch Rundschreiben des Ministers des Innern v. 22.4.1919 an die Regierungspräsidenten wurde besonders darauf hingewiesen, daß mit der allgemeinen Aufhebung der Zensur auch die Filmzensur aufgehoben ist, daß aber in dieser Beziehung die bisher ergangenen Bestimmungen über den Schutz der Jugendlichen bis zu dessen Regelung im Wege der Gesetzgebung in Kraft bleiben.

Auch der Preußsche Entwurf der künftigen Reichsverfassung sah die Abschaffung einer jeden Zensur vor, denn § 21 lautete:

> „Jeder Deutsche hat das Recht, durch Wort, Schrift oder Bild seine Meinung frei zu äußern, soweit keine strafrechtlichen Vorschriften entgegenstehen.
>
> Eine Zensur findet nicht statt".

Der Verfassungsausschuß der Nationalversammlung hat jedoch in der 3. Lesung diese Bestimmung durch die folgende ersetzt:

> „Jeder Deutsche hat das Recht, seine Meinung durch Wort, Schrift, Druck und Bild innerhalb der Schranken der Gesetze frei zu äußern.
>
> Eine Zensur findet nicht statt, doch können durch Gesetz für Lichtspiele abweichende Bestimmungen getroffen werden, auch sind zur Bekämpfung der Schund- und Schmutzliteratur sowie zum Schutze der Jugendlichen bei öffentlichen Schaustellungen und Darbietungen allgemeine Maßnahmen zulässig" (Art. 117 des neuen Entwurfes).

Man kann bei der gegenwärtigen Stimmung der Nationalversammlung kaum damit rechnen, daß diese Ausnahmeregelung des Films fallengelassen wird; in Fachkreisen selbst, denen die künstlerische und sittliche Hebung der Filmindustrie und die Bekämpfung von Auswüchsen am Herzen liegt, ist man zwar gegen eine bürokratische polizeiliche Zensur, wie sie bisher bestand, steht aber im übrigen einer vorherigen Prüfung der Lichtbilder, zu der auch Vertrauensleute aus der Filmindustrie hinzugezogen werden, nicht ablehnend gegenüber.

Zurzeit besteht denn auch trotz des obenerwähnten ministeriellen Rundschreibens eine Filmzensur in verschiedenen Bundesstaaten, wie in Bayern und Württemberg, weiter, und auch in Berlin werden Films, allerdings ohne Zwang für die Hersteller, von der bisherigen Zensurbehörde weiter geprüft [1]).

Auf jeden Fall werden sicher anch in Zukunft besondere einschränkende Vorschriften, zum mindesten für die Zulassung von Films für Kinder- und Jugendvorstellungen in Geltung bleiben; die Berührung der Zensurfrage, die wohl auch für die Folge eine bedeutende Rolle im Filmgewerbe spielen dürfte, erscheint deshalb nicht unangebracht.

§ 24.

Tragung der Gefahr bei Unmöglichkeit der Vorführung.

Wir werden hier verschiedene Fälle zu unterscheiden haben.

1. Bei Bestehen der Zensur wird die öffentliche Vorführung eines von der Behörde ursprünglich genehmigten Films nachträglich verboten. Für diesen Fall trägt die Gefahr der Käufer, nach dem Grundsatz: „Casum sentit dominus". Der Verkäufer hat ja seinerseits den Vertrag erfällt, indem er dem Käufer das vollbestehende Vorführungsrecht verschafft hat: für das, was sich später nach der Übertragung diesbezüglich ereignet, braucht er ebensowenig aufzukommen wie der Verkäufer einer körperlichen Sache nach der Übergabe für deren nachträglichen zufälligen Untergang (§ 446 BGB.).

---

[1]) vgl. über Filmzensur Müller-Sanders, Die Kinematographenzensur in Preußen; Albert Hellwig, Die Filmzensur; derselbe, Die maßgebenden Grundsätze für Verbote von Schundfilms nach geltendem und zukünftigem Recht, im VerwArch. Juni 1913; derselbe, Die kinematographische Zensur.

2. Bei sonst bestehender Zensurfreiheit wird die Filmaufführung aus strafrechtlichen Gründen verboten. Es könnte hierfür in erster Linie in Frage kommen der § 184 RStGB., aber auch an die §§ 110—111—130—185 ff. desselben wäre zu denken.

Hier wird man zu unterscheiden haben, ob der Käufer den Film vor der Übergabe gesehen hat oder nicht. Im ersten Falle wird von einer Haftung des Verkäufers schon um deswillen nicht die Rede sein können, weil es sich um Sachmängel der im § 459 BGB. bezeichneten Art handelt, die der Käufer gekannt hat und für die der Verkäufer gemäß § 460 eine Vertretungspflicht nicht hat. Denn dem Käufer muß bei Besicht offenbar die Möglickeit klar werden, daß dieser Film leicht einem obrigkeitlichen Verbot ausgesetzt sei. Eventuell würde noch die Kulpakompensation des § 254 BGB. durchgreifen.

Anders würde sich die Rechtslage gestalten, wenn der Käufer den Film vor der Übergabe noch nicht gesehen hatte, was in der Praxis häufig vorkommt, da Films namentlich bei Serienabschlüssen, oft lange vor der Herstellung gekauft werden. In diesem Falle wird der Verkäufer nach den allgemeinen Rechtsgrundsätzen über den Kauf die Gefahr zu tragen haben, denn er haftet für den Bestand der verkauften Vorführungsrechte (§§ 433 Abs. 1 Satz 2, 437 Abs. 1 BGB.) und für Fehler der Sache, die den Wert oder die Tauglichkeit zu dem nach dem Vertrage vorausgesetzten Gebrauch aufheben oder mindern (§ 459 Abs. 1 BGB.).

3. Die Vorführung eines Films kann aber auch von der Behörde verboten werden, nachdem der Kaufvertrag abgeschlossen, der Film selbst aber noch nicht geliefert worden ist.

In solchem Falle greifen aber die Bestimmungen der §§ 275 und 323 BGB. über das von keinem Teile zu vertretende Unmöglichwerden der Leistung bei zweiseitigen Verträgen Platz und beide Teile werden von ihren Verpflichtungen frei: der Verkäufer von der Verpflichtung der Lieferung auf Grund des § 275, der Käufer von seiner Verpflichtung zur Gegenleistung auf Grund des § 323.

Daß der Käufer die Zahlung für ein erworbenes Aufführungsrecht verweigern kann, wenn die Ausübung dieses Rechtes unmöglich wird aus Gründen, die er nicht zu vertreten hat, hat auch das Landgericht I München, 4. Kammer für Handelssachen in einem durch Urteil v. 24. 3. 1919 entschiedenen Prozeß ausgesprochen (HKA. 20/19).

Die Firma G. in München hatte an den Filmverlag K. in Berlin das Aufführungsrecht an verschiedenen Filmserien für die damals deutscherseits besetzten Gebiete Belgien und Polen verkauft. Nachdem Deutschland diese Gebiete räumen mußte, war es der Firma K. nicht mehr möglich, das erworbene Aufführungsrecht geschäftlich zu verwerten, und sie verweigerte deshalb die Zahlung der vertraglichen Ansprüche des Klägers. Dieser machte im Prozeß geltend, das Risiko an der Verwertung eines erworbenen Lizenzrechtes treffe den Käufer, nicht den Verkäufer. Wenn K. das erworbene Lizenzrecht nicht selbst ausüben könnne, so müsse er eben in Belgien und Polen Unterlizenznehmer aufstellen. K. bestritt eine solche Möglichkeit und vertrat den Standpunkt, daß man nur dann Zahlung für ein veräußertes Aufführungsrecht verlangen könne, wenn die Ausnützung dieses Rechtes tatsächlich möglich sei, was aber hier nicht zutreffe. Das Gericht hat dann auch zugunsten der Firma entschieden. In den Urteilsgründen wird ausgeführt, daß Kaufgegenstand das Monopolrecht der Vorführung, Vermietung und des Verkaufs bestimmter Filmserien auf drei Jahre für das Gebiet von Polen und Litauen einerseits, von Belgien andererseits, verbunden mit dem Erwerb der für die Zwecke benötigten Anzahl von Filmkopien, sei. Hauptgegenstand sei das Recht; die Lieferung der Filmkopien sei die Nebensache, denn diese seien nicht als Ware an sich gekauft. Sie seien für den Erwerbsbetrieb des Käufers als Ware nur von Bedeutung in Verbindung mit der Übertragung des Urheberrechtes[1]), mit dem Rechte, sie allein vorzuführen und weiterzuveräußern. Damit, daß der Kläger die Filmkopien zur Verfügung des Beklagten als Vertragserfüllung bereithalte und anbiete, habe er keineswegs erfüllt,

---

[1]) So im Gerichtsurteil; korrekt wäre: „des Vorführungsrechtes“.

so daß er ohne weiteres berechtigt wäre, Zahlung des Kaufpreises zu verlangen. Der Beklagte könne vor allem die Beschaffenheit des ihm verkauften Rechtes als Erfüllung verlangen. Das Urteil weist ferner darauf hin, daß die vertraglichen Monopolgebiete, wenn man den wahren Willen der Parteien nach Treu und Glauben auslege, nicht nur als geographische Begriffe, ohne jede Rücksicht auf ihre politischen oder wirtschaftlichen Verhältnisse für die Vertragschließenden in Betracht kommen sollten. Diese hätten vielmehr die Eigenschaft dieser Gebiete, als von deutschen Truppen besetzt und unter deutscher Verwaltung stehend, im Auge gehabt und waren sicher, ebenso wie die überwiegende Mehrzahl aller Deutschen, der von der Regierung und durch die Presse immer wieder und nachdrücklichst geförderten Meinung, mit längerer Fortdauer dieser für deutsche Unternehmer günstigen Verhältnisse rechnen zu können.

Dies sei für beide Teile bei Vertragsschluß stillschweigende Voraussetzung in dem Sinne gewesen, daß der Vertrag nur unter der Bedingung des Bestehens dieser Verhältnisse bei Erfüllung gültig und wirksam sein solle. Diese Voraussetzung sei aber inzwischen durch den eingetretenen Umschwung der ganzen Lage und der Räumung dieser Gebiete entfallen; der Beklagte sei damit seiner Verpflichtung zur Abnahme und Zahlung enthoben worden.

Es sei übrigens auch zutreffend, wenn Beklagter geltend mache, dem Kläger sei die Erfüllung des Vertrages unmöglich geworden. Dies habe hinsichtlich der Hauptverpflichtung zur Beschaffung des Rechtes jedenfalls zu gelten. Was der Kläger zur Zeit der Klageerhebung (13. 1. 1919) dem Beklagten als Erfüllung anzubieten in der Lage war, sei ein unnützbares, unverwertbares Recht, ein wirtschaftliches Nichts, wenn man von dem Materialwert der Films absehe. Es könne dem Käufer nicht zugemutet werden, diese Erfüllung anzunehmen und zu bezahlen. Nach Treu und Glauben sei bei Auslegung der beiden Verträge als Wille der Parteien zu unterstellen, daß nicht ein Recht gehandelt werden sollte, das von vornherein und voraussichtlich für die ganze Vertragsdauer für den Käufer wertlos und unbenützbar sein würde, sondern ein Recht, für das wenigstens eine Möglichkeit der Ausbeute bestanden hätte. Es gehe nicht an, dem Beklagten zuzumuten, sich um Verwertungsmöglichkeit auf dem Umwege über Dritte, durch Schleichhandel und Schiebung zu bemühen. Er habe Anspruch auf das Recht der Selbstbenutzung. Weil und solange der Kläger, wenn auch ohne Verschulden, außerstande sei, dem Beklagten die Hauptsache, das Monopolrecht, zu verschaffen, sei er trotz seiner Erfüllungsbereitschaft hinsichtlich der Films, als der Nebensache, nicht berechtigt, deren Abnahme und Zahlung zu fordern.

Die im obenstehenden betrachteten Fälle beziehen sich auf die nachträgliche objektive Unmöglichkeit der Leistung, d. i. die Unmöglichkeit, die für jedermann besteht. Ursprüngliche objektive Unmöglichkeit läßt den Vertrag grundsätzlich nicht zustande kommen (§ 306), doch gelten die zwei Ausnahmen des § 308, daß der Vertrag als bedingter gültig ist, wenn die Unmöglichkeit behoben werden kann und der Vertrag für den Fall ihrer Beseitigung geschlossen ist, und daß der unter einer anderen aufschiebenden Bedingung oder einem Anfangstermin geschlossene Vertrag gültig ist, wenn die Unmöglichkeit vor Eintritt der Bedingung oder des Termines gehoben wird (§ 308 Abs. 2). Mit solchen Fällen werden wir es im Filmgewerbe besonders dann zu tun haben, wenn es sich um den Verkauf der Vorführungsrechte von erst anzufertigenden Films handelt (vgl. S. 40 b dieser Darstellung).

Erwähnt sei schließlich hierbei noch § 307 Abs. 1, welcher bestimmt, daß derjenige, welcher beim Vertragsschluß die Unmöglichkeit der Leistung kannte oder kennen mußte, dem anderen Teil, wenn derselbe entschuldbarerweise im Irrtum war, das negative Vertragsinteresse, jedoch begrenzt durch das positive Erfüllungsinteresse, zu ersetzen hat.

Fünfter Abschnitt.

Filmverleiher und Theaterbesitzer.

§ 25.

I. Gewährleistung des Filmverleihers für die Möglichkeit der Vorführung.

Nachdem wir im letzten Paragraph die Haftung im Filmkaufvertrag, also zwischen Filmhersteller und -verleiher, bei Unmöglichkeit der Vorführung behandelt haben, wollen wir nunmehr dieselbe Frage hinsichtlich des Pachtverhältnisses zwischen Filmverleihern und Theaterbesitzern prüfen.

Die Beziehungen zwischen dem Filmverleiher und dem Theaterbesitzer werden nicht durch die Vorschriften über den Kauf, sondern durch die der Pacht bezw. der Miete geregelt; die allgemeinen Vorschriften über Unmöglichwerden der Leistung bei gegenseitigen Verträgen finden somit auch hier Anwendung.

Wir wollen uns deshalb zunächst noch einmal die wesentlichsten Verpflichtungen beider Teile, wie sie § 581 BGB. festlegt, vor Augen führen:

1. Der Verpächter ist verpflichtet, dem Pächter den Gebrauch des gepachteten Gegenstandes und den Genuß der Früchte während der Pachtzeit zu gewähren.

2. Der Pächter ist verpflichtet, dem Verpächter den vereinbarten Pachtzins zu entrichten. Eine Verpflichtung des Pächters, den gepachteten Gegenstand in Benutzung zu nehmen, ist nicht aufgestellt.

Der Filmverleiher hat demnach dem Theaterbesitzer den Genuß der Früchte (vgl. hierzu S. 7 dieser Darstellung) des Vorführungsrechtes zu gewähren, und hierfür ist Voraussetzung, daß das Vorführungsrecht als solches keine Mängel aufweist, die seine Ausübung verhindern.

Als ein solcher Mangel würde ein allgemeingültiges behördliches Verbot der Vorführung des betreffenden Films anzusehen sein. Der verpachtete Gegenstand wäre dann zur Zeit der Überlassung mit einem Fehler behaftet, der seine Tauglichkeit zu dem vertragsmäßigen Gebrauch aufhebt, und der Pächter wird von der Entrichtung des Pachtzinses befreit (§§ 581 Abs. 2 und 537), und war der Mangel schon bei Abschluß des Vertrages vorhanden, dann kann er Schadensersatz wegen Nichterfüllung verlangen (§ 536).

Anders verhält es sich, wenn der Theaterbesitzer durch andere Umstände, mit denen der Film oder das Vorführungsrecht an sich nichts zu tun haben und die außerhalb der Machtphäre des Verleihers liegen, in die Unmöglichkeit versetzt wird, den Film vorzuführen.

Es kommen hier alle die Fälle in Frage, in denen der Theaterbesitzer gezwungen ist, seinen Betrieb dauernd oder zeitweise einzustellen, gleichviel ob aus Gründen, die er zu vertreten hat oder nicht; so infolge von behördlicher Anordnung wegen Verstoßes gegen die polizeilichen Sicherheitsvorschriften, aber auch infolge von Straßenunruhen, Streik, Theaterbrand, Schließung wegen Strommangels usw.

Wenn er aus solchen oder ähnlichen Gründen das Vorführungsrecht entweder nicht voll ausüben kann oder darin beschränkt wird (es wird z. B. die Spielzeit der Theater durch die Behörde verkürzt), so wird er deshalb von seiner Zahlungspflicht des Pachtzinses nicht frei und kann auch keine Herabsetzung desselben verlangen, denn der Verleiher hat ja seinerseits die ihm obliegende Leistung durch Gewährung des Rechtes erfüllt. Auf die nachträgliche Unmöglichkeit der Aufführung aus solchen Gründen kann sich der Pächter auch nicht berufen, denn wir haben ja gesehen, daß er nur die Verpflichtung zur Zahlung des Pachtzinses, nicht zum Gebrauch des Pachtgegenstandes oder zur Ziehung der Früchte hat; iure suo uti nemo cogitur!

Eine remissio mercedis bei der Pacht, wie in Rom, gibt es heute auch nicht mehr.

Wenn auch anerkannt werden muß, daß es sich in solchen Fällen um eine Gefahr handelt, auf die der Verpächter überhaupt keinen Einfluß hat und die den Geschäftsbetrieb des Theaterbesitzers als solchen trifft, welche dieser also auch allein zu tragen hat, so kann doch unter Umständen darin für ihn eine Härte liegen. In den von uns bereits auf S. 9 erwähnten Normallieferungsbedingungen ist deshalb im § 8 die Bestimmung aufgenommen worden, daß allgemeine behördliche Spielverbote, die der Einwirkung beider Parteien entrückt sind, den Verpächter treffen und dem Pächter gestatten, den Pachtzins zurückzubehalten.

Wird das Theater infolge höherer Gewalt geschlossen, so ist die Wirkung auch hier in den genannten Bedingungen näher festgesetzt, und zwar verschieden, je nachdem die Schließung unter oder über 3 Monate dauert. Bei Betriebsaufnahme innerhalb dreier Monate seit dem die Schließung veranlassenden Ereignis können beide Teile Durchführung des Vertrages verlangen, nach 3 Monaten sollen beide Parteien vom Vertrage frei sein.

II. Gegenseitige Rechte und Pflichten nach den „Allgemeinen Bezugsbedingungen".

Vorbemerkung.

Es sei zunächst bemerkt, daß die im Anhange wiedergegebenen Lieferungsbedingungen, die heute zwischen Filmverleihern und Theaterbesitzern gelten, weder erschöpfend die Rechtsbeziehungen zwischen beiden regeln, noch als Abschluß der Entwicklung des Rechtszustandes im Filmverkehr anzusehen sind. Sie haben sich im Laufe der Zeit herausgebildet aus den Erfordernissen der geschäftlichen Praxis selbst und aus der Notwendigkeit, oft miteinander widerstrebende Interessen in Einklang zu bringen; wie aber bereits in §§ 1 u. 2 unserer Darstellung ausgeführt, ist das ganze Filmgewerbe, eine Schöpfung der neuesten Zeit, noch in voller Entwicklung begriffen, und die Rechtsverhältnisse, die dasselbe beherrschen, haben deshalb noch keine endgültig feste Form angenommen: darum sind auch diese Bedingungen in der Weiterentwicklung des Ganzen höchstwahrscheinlich späteren Änderungen und Ergänzungen ausgesetzt.

Dies vorausgeschickt, wollen wir in die Betrachtung ihrer einzelnen Punkte eintreten.

§ 26.

Zahlung.

(Nr. 1 der Bedingungen.)

Die wesentlichste Vertragspflicht des Mieters ist die Zahlung des Mietzinses. Entgegen der im § 551 BGB. getroffenen gesetzlichen Bestimmung der nachträglichen Zahlungszeit für den Mietzins (eine besondere Zahlungszeit für den Pachtzins ist im § 584 BGB. nur für landwirtschaftliche Grundstücke aufgestellt, so daß vorliegend gemäß § 581 Abs. 2 die Vorschriften für Miete Anwendung finden), ist hier vertraglich Vorauszahlung oder Zahlung durch Nachnahme vereinbart, was durchaus zulässig ist, denn die Bestimmung des § 551 BGB., wonach der Mietzins am Ende der Mietzeit zu entrichten ist, ist nur dispositiver Natur, wie die meisten Bestimmungen des Bürgerlichen Gesetzbuchs über die Miete überhaupt.

Die Nr. 1 der Bezugsbedingungen enthält ferner die wichtige Bestimmung, daß die Verleihfirma ohne schriftliches Einverständnis des Theaterbesitzers nur solche Nachnahmen erheben darf, die sich auf die vorliegende Filmsendung beziehen; der Filmverleiher soll also die Herausgabe eines Films nicht von der Befriedigung einer anderen ihm gegen denselben Theaterbesitzer zustehenden Forderung abhängig machen. Somit ist ausgeschaltet ein über die Spezialkonnexität der §§ 273 BGB. und 369 HGB. hinausgehendes Retentionsrecht, wie ja überhaupt das moderne Recht das durch Kaiser Gordian aufgestellte erweiterte Retentionsrecht nicht rezipiert hat. Der Grund hierfür ist, daß sonst zu leicht ein unbilliger Druck auf den Theaterbesitzer, der den mit Nachnahme belasteten Film unbedingt für seine Vorführung haben muß, ausgeübt werden kann, so daß er unter Umständen gezwungen wird, zweifelhafte oder strittige Beträge gegen Nachnahme zu zahlen.

Wenn in Abs. 2 der Ziff. 1 von Reklamematerial gesprochen wird, so sind darunter die bildlichen Wiedergaben des Stückinhaltes zu verstehen, welche vielfach an der Außenseite des Theatergebäudes angebracht werden und die Bestimmung haben, das Publikum aufmerksam zu machen und anzulocken; oder, mehr für den inneren Teil des Theaters bestimmt, Photographien einzelner Szenen des Stückes oder solche der Hauptdarsteller, ferner Broschüren über den Inhalt des Films, Beschreibungen usw. Auch dieses Reklamematerial wird von dem Pachtvertrag umfaßt und muß bei nicht ordnungsmäßiger Rückgabe vom Theaterbesitzer ersetzt werden.

Der letzte Absatz bestimmt, wie häufig im Geschäftsleben, den Erfüllungsort, und zwar für beide Teile den Geschäftssitz des Verpächters. Hiermit ist insofern eine Abänderung der allgemeinen gesetzlichen Bestimmungen herbeigeführt, als nach diesen für den Pächter Erfüllungsort sein eigener Geschäftssitz sein würde, selbst bei Geldsendungen (vgl. § 270 Abs. 4 BGB.).

§ 27.
Versand.

(Nr. 2 der Bedingungen.)

Hier tritt uns zunächst eine Verpflichtung des Verpächters entgegen, die einen für den Filmverkehr charakteristischen Inhalt hat. Es wird die rechtzeitige Absendung des Films verlangt. Man wird die Absendung zu trennen haben von der Durchführung des Transportes selbst. Die Absendung wird dann stets eine rechtzeitige sein, wenn der Verpächter im Einzelfalle die Entfernung von sich zum Pächter sowie die Verbindungsmöglichkeit zwischen Absende- und Empfangsort mit der Sorgfalt eines ordentlichen Kaufmanns abgewogen und unter Berücksichtigung aller vorliegenden Umstände die Absendung vorgenommen hat.

Die Bezugsbedingungen bestimmen, daß für verspätete oder unterbliebene Absendung die Verleihfirma hafte, sofern sie nicht nachweisen könne, daß sie kein Verschulden treffe. Dieser Satz spricht die auch im Bürgerlichen Gesetzbuch festgesetzte Haftpflicht des Verpächters für kontraktliches Verschulden aus, welches in der verspäteten oder unterbliebenen Absendung, d. h. im Sinne des Gesetzes Gebrauchsüberlassung, liegt. Auch die Bestimmung des Nachsatzes, welche dem Verpächter die Beweislast für sein Nichtverschulden auferlegt, entspricht dem Gesetz. Besonderheiten für die Filmpacht bringt der neue Satz: „Bei Verschulden verzichtet die Verleihfirma bis zum Eintreffen des Films bezw. bis zur Spielmöglichkeit auf Zahlung der Leihgebühr und vergütet dem Besteller das Doppelte des auf den Tag entfallenden Leihbetrages. Weitergehende Schadensersatzansprüche sind ausgeschlossen".

Nach dem Mietrecht des Bürgerlichen Gesetzbuchs würde gemäß §§ 537, 542 der Mieter zunächst von der Verpflichtung zur Entrichtung des Mietzinses befreit sein; außerdem würde er Schadensersatzansprüche geltend machen können. Während es ohne weiteres klar ist, daß durch nichtpünktliche oder gänzlich unterbliebene Lieferung seitens des Filmverleihers dem Theaterbesitzer, der unter Umständen infolge des Ausbleibens der Films sein Theater geschlossen halten muß, ein beträchtlicher Schaden entstehen kann, so können doch in der Praxis leicht Streitigkeiten über die ziffernmäßige Bemessung dieses Schadens eintreten. Man hat deshalb ein für allemal bei schuldhaft unterbliebener oder verspäteter Absendung und daraufhin eintretender Spielunmöglichkeit die Höhe des vom Verleiher zu leistenden Schadensersatzes auf das Doppelte des auf den Tag entfallenden Pachtzinses festgesetzt. Ist also die Absendung durch Verschulden des Verpächters überhaupt unterblieben, so würde dieser ohne weiteres das Doppelte des für die ganze Pachtzeit vereinbarten Pachtzinses an den Pächter zu zahlen haben. Damit ist aber auch die Höchstgrenze seiner Ersatzverpflichtung erreicht, denn weitergehende Schadensersatzansprüche sind hier ausdrücklich ausgeschlossen. Bei verspäteter Absendung ist natürlich auch eine Maximalgrenze anzusetzen, und diese liegt in der Vertragsdauer selbst. Lautet der Pachtvertrag z. B. auf 5 Tage und käme der Verpächter auf 10 Tage mit der Absendung in Verzug, so wäre doch nur das Doppelte des fünftägigen Pachtzinses zu vergüten. Diese Maximalgrenze ist zwar aus dem Wortlaut des § 2 nicht ohne weiteres zu entnehmen, sie folgt aber aus der Natur des Vertragsverhältnisses und wird in der Praxis auch in dem obigen Sinne verstanden.

Im Abs. 2 der Nr. 2 ist dem Pächter ein Rücktrittsrecht zugesprochen, wenn der Film durch Verschulden des Verpächters zu spät eingetroffen ist. Macht er von diesem Rücktrittsrecht, welches unverzüglich auszuüben ist, keinen Gebrauch, dann ist er verpflichtet, eine neue Spielzeit innerhalb der nächsten 8 Wochen aufzugeben, andernfalls soll der Verleihfirma für den betreffenden Film gleichfalls ein Rücktrittsrecht zustehen.

Es erscheint notwendig, hierüber eine kleine Sonderausführung zu machen.

Zunächst wäre zu bemerken, daß einem Theaterbesitzer dieses Rücktrittsrecht nicht nur bei verspätetem Eintreffen, sondern auch bei Nichteintreffen zugebilligt werden muß und in der Praxis auch zugebilligt wird, denn in beiden Fällen ist der Schaden für ihn der gleiche. § 542 BGB. gewährt ja auch dem Mieter eine fristlose Kündigung nicht nur, wenn ihm der Gebrauch der gemieteten Sache nicht rechtzeitig gewährt, oder wieder entzogen worden ist, sondern auch, wenn ihm der Gebrauch überhaupt nicht gewährt worden ist.

Es sei ferner hervorgehoben, daß, wenn hier das Wort „Rücktritt" gebraucht ist, in der Tat an diesem Begriff so, wie ihn die Vorschriften der §§ 346 ff. BGB. aufstellen, festzuhalten ist. Unser Gesetz spricht für den Fall, daß der Vermieter bezw. der Verpächter den Miet- oder Pachtgegenstand nicht rechtzeitig gewährt, dem anderen Teil im § 542 ein Kündigungsrecht zu, welches in der Regel befristet, unter Umständen auch unbefristet sein kann. Diese Sondervorschriften des § 542, die bezüglich des Schadensersatzes durch §§ 537 u. 538 ergänzt werden, treten für Mietverhältnisse an Stelle der allgemeinen Vorschriften der §§ 320—327 BGB. Es ist aber angesichts des Wortlautes und des gewollten Inhalts der Bezugsbedingungen daran festzuhalten, daß hier eine Sonderregelung des Filmpachtverhältnisses vorliegt. Es braucht hier nicht weiter eine theoretische Untersuchung des Unterschieds zwischen Kündigung und Rücktritt vorgenommen zu werden[1]). Jedenfalls sind die

[1]) Oertmann (Recht der Schuldverhältnisse Anm. 1 zu § 542 S. 551) scheint sie völlig zu identifizieren. — And. A. Planck, Komm. z. BGB. 4. Aufl. S. 454 Tit. 5 Nr. 4 und 3. Aufl. S. 456 Anm. 1 zu § 542; Staudinger, Komm. z. BGB. S. 333 III; Komm. d. RGRäte § 346 N. 1.

Parteien, insbesondere der Pächter berechtigt, durch den Rücktritt das Verhältnis ex tunc zu beseitigen, was vorliegend auch in der Praxis wirklich möglich ist, da der Pächter ja noch gar nicht im Besitz der Sache ist oder wenigstens nicht rechtzeitig davon Gebrauch hat machen können. Sodann ist weiter auf eine Eigentümlichkeit dem Gesetz gegenüber hinzuweisen, insofern als dem Pächter hier im Abs. 1 der Nr. 2 ein Schadensersatzanspruch, im Abs. 2 dagegen das Rücktrittsrecht zugebilligt wird. Wenn hier im Abs. 2 auch nicht das Wörtchen „außerdem" geschrieben steht, so geht doch in der Tat die Auslegung und praktische Handhabung der Bedingungen dahin, daß dem Pächter die beiden Berechtigungen kumulativ zugebilligt werden. Wir sehen also auch hierin eine Abweichung von den allgemeinen Vorschriften des Gesetzes insofern, als nach den §§ 325 u. 326 dem Berechtigten immer nur die Wahl gestellt ist, entweder Schadensersatz zu fordern oder den Rücktritt zu erklären. Die Bezugsbedingungen zeigen hier also bemerkenswerte Abweichungen vom Gesetz.

Man könnte die dem Verleiher in der Nr. 2 auferlegte Verpflichtung auch aus dem Gesichtspunkt der Vertragsstrafe behandeln. Eine solche soll bekanntlich einerseits für den Verpflichteten ein Druckmittel zur pünktlichen Erfüllung seiner Leistungspflicht darstellen, andererseits soll sie den Gläubiger des Nachweises der Höhe seines erlittenen Schadens überheben. Sie ist kumulativ zu leisten, wenn der Verpflichtete nicht gehörig, insbesondere zu spät erfüllt, alternativ, wenn er gar nicht leistet. Von den Bestimmungen des Bürgerlichen Gesetzbuchs würden unsere Bezugsbedingungen eine Abweichung insofern darstellen, als gemäß § 340 Abs. 2 das Gesetz neben der ausgemachten Vertragsstrafe die Geltendmachung eines weiteren Schadensersatzanspruches zuläßt. Das wird in unseren Bezugsbedingungen ausdrücklich ausgeschlossen.

Der Abs. 3 der Nr. 2 bietet keine Besonderheiten; er zählt nur beispielsweise Fälle auf, die ein Verschulden des Verpächters ausschließen. Zu erwähnen wäre vielleicht noch, daß bei Beschädigungen oder beim Abhandenkommen des Negativs wie des Positivs auch im Einzelfalle ein Nichtverschulden des Verpächters,

d. h. die Beobachtung der im Verkehr erforderlichen Sorgfalt, festzustellen wäre.

Die Tragung der Gefahr während des Versandes ist in den Bezugsbedingungen nicht geregelt; es gelten demnach die gesetzlichen Bestimmungen. Nach diesen, anders als beim Kauf, trägt der Eigentümer die Gefahr, während ihm für den Fall der Verschlechterung oder des Untergangs die Ansprüche aus dem Frachtvertrag gegen den Frachtführer zustehen.

§ 28.
Spielzeit.
(Nr. 3 der Bedingungen.)

Die Innehaltung der vereinbarten Spieltage bedarf keiner Erläuterung. Der Verpächter hat den Film zur vereinbarten Zeit zu liefern und darf ihn nicht vor Ablauf der Vertragszeit herausverlangen. Der Pächter muß ihn zur vereinbarten Zeit abnehmen und darf ihn nicht über die Vertragszeit hinaus behalten. Geschieht letzteres trotzdem, so ist der Pächter ohne Rücksicht auf Verschulden zum mindesten verpflichtet, den festgesetzten Pachtzins auch für die verlängerte Spielzeit zu zahlen (§§ 556 u. 557 BGB.). Jedweden weiter entstehenden Schaden hat er außerdem zu tragen (§ 557 Satz 2 BGB.). Hierbei ist insbesondere an den Ausfall der nächsten Verpachtung, event. an die Schadensersatzansprüche des nächsten Pächters, der den Film nicht oder nicht rechtzeitig erhielt, zu denken.

Das Fälligwerden der Pachtgebühr bei Nichtabruf bis zum bestimmten Termin bezieht sich auf den Fall, daß der Theaterbesitzer bei Abschluß des Vertrages die Spielzeit noch nicht festgesetzt, sich aber verpflichtet hat, bis zu einem gewissen Zeitpunkt den gepachteten Film abzurufen und zu spielen. Mit Ablauf dieser Frist soll er zur Zahlung des Pachtzinses verpflichtet sein, gleichgültig, ob er den Film gespielt hat oder nicht.

„Endgültige Zensurverbote heben die Bestellung auf.“

Solche Verbote können eintreten für Films, die zur Zeit des Abschlusses des Pachtvertrages der Prüfung der Zensurbehörde noch nicht vorgelegen hatten, oder für solche, die anfänglich genehmigt worden waren, nachträglich aber verboten werden. Das Zensurverbot kann ein allgemeines, für einen größeren Bezirk geltendes, oder ein örtlich beschränktes sein; Voraussetzung ist nur, daß die Vorführung des Films in dem Theater des Pächters von der zuständigen Behörde verboten wird (vgl. hierzu auch die Ausführungen in § 25 S. 61 dieser Arbeit). Zum letzten Absatz der Nr. 3, wonach die Parteien bei Nichtbestätigung festgesetzter Spieldaten innerhalb von 14 Tagen neue Spielzeiten zu vereinbaren haben, ist zu bemerken, daß vorausgesetzt wird, daß die erste Festsetzung der Daten, vielleicht von einem Reisenden als Vertreter, nicht endgültig, sondern unter dem Vorbehalt nachträglicher Bestätigung geschlossen sei. Die Nichtinnehaltung dieser Verpflichtung würde die allgemeinen gesetzlichen Folgen nach §§ 320 ff. BGB. nach sich ziehen.

§ 29.

Benutzung.

(Nr. 4 der Bedingungen.)

Diese Vorschriften finden ebenfalls ihre Ergänzung in den allgemeinen gesetzlichen Bestimmungen; es sei hierzu besonders bemerkt: Der Miet- und Pachtvertrag gehört zu denjenigen Verträgen, bei denen es auf persönliches Vertrauen ankommt. Dem Vermieter und Verpächter kann es nicht gleichgültig sein, von wem seine Sache gebraucht wird; deshalb versagt das Gesetz grundsätzlich dem Mieter und Pächter die Befugnis, das ihm überlassene Gebrauchsrecht einem Dritten ohne Einwilligung des Vermieters (Verpächters) zu übertragen (§ 549 BGB.).

Von großer praktischer Bedeutung wird dies im Falle des Verkaufs oder der Verpachtung des Theaters seitens des Filmpächters. Wird letzterer dadurch von seinen Filmverträgen frei, bezw. kann er sie ohne Genehmigung des Verpächters auf seinen Geschäftsnachfolger übertragen? Diese Frage ist auf Grund der §§ 549, 550, 596 Abs. 1 BGB. zu verneinen. Der Pächter bleibt in beiden Fällen aus dem von ihm eingegangenen Vertrage verpflichtet. Ja, ohne besondere Genehmigung des Verpächters ist weder der Käufer des Theaters noch der Unterpächter berechtigt, den an den Vorbesitzer verpachteten Film zu spielen.

Selbst wenn aber der Verpächter dem ersten Pächter gestattet, den Vertrag oder seine Rechte aus dem Pachtvertrage zu zedieren, so ist daraus noch nicht, wie das Reichsgericht am 31. 5. 1893 entschieden hat[1]), die Entlassung des ersten Pächters aus seinem Vertrage zu folgern, vielmehr tritt dadurch nur neben den alten noch ein neuer Schuldner. Soll eine Entlassung des ersten Pächters eintreten, so bedarf es einer unzweideutigen Erklärung des Verpächters, daß er an Stelle des ersten Pächters den Unterpächter annehme. Dies ist z. B. dann anzunehmen, wenn es im Vertrage heißt: „Pächter tritt alle Rechte und Pflichten aus dem Pachtvertrage an X ab", oder wenn Verpächter mit dem Unterpächter einen neuen Vertrag abschließt, bezw. wesentliche Bestimmungen des alten Vertrages abändert.

„Der Film darf nur in dem Theater benutzt werden, für das die Aufführungsrechte erworben sind."

Ein Verstoß gegen diese Vorschrift würde einen vertragswidrigen Gebrauch der gepachteten Sache darstellen und den Verpächter berechtigen, auf Unterlassung zu klagen oder das Pachtverhältnis ohne Einhaltung einer Kündigungsfrist zu kündigen, wenn der Pächter trotz Abmahnung des Verpächters den vertragswidrigen Gebrauch fortsetzt (§§ 550 u. 553 in Verb. mit § 581 Abs. 2 BGB.), Schadensersatzansprüche wegen vorzeitiger Beendigung der Miete hat der Vermieter nach dem Gesetze nicht[2]). Es ist aber klar, daß dem Filmverleiher mit diesen Befugnissen nicht viel gedient ist, sondern daß er in wirksamer Weise gegen solche ihn unter Umständen empfindlich schädigende Vertragsverletzungen des Filmpächters geschützt werden muß. Dieser Zweck wird durch Festsetzung einer Vertragsstrafe er-

---

[1]) JW. 1896 S. 450, 57.

[2]) vgl. Fischer-Henle, Handausgabe des BGB. § 553 N. 7.

reicht, die in den Bezugsbedingungen mit 500 Mk. für jeden einzelnen Fall und Film festgesetzt ist, wobei die Geltendmachung eines etwaigen höheren Schadens nicht ausgeschlossen sein soll.

Durch diese Bestimmung wird auch das ohne Vorwissen des Verpächters erfolgende sogen. „Pendeln“ betroffen. Man versteht darunter die abwechselnde Vorführung eines Films während der Mietdauer in mehreren Theatern, die sowohl demselben als auch verschiedenen Besitzern gehören können. Der Pachtzins gestaltet sich natürlich dadurch niedriger, als wenn jedes Theater den Film einzeln pachtet. Andererseits erleiden die Films durch das Pendeln eine erheblich stärkere Abnutzung, und dem Verleiher entgeht außerdem die Möglichkeit der direkten Vermietung entweder an das Theater, das den Film bereits mitgespielt hat, oder an ein anderes in der Nähe gelegenes, das den von einem Konkurrenzunternehmen bereits vorgespielten Film nicht mehr pachten wird. Das Pendeln durfte deshalb früher nur mit ausdrücklicher Zustimmung des Verleihers geschehen, darf aber heute von den im Zentralverband der Filmverleiher Deutschlands organisierten Verleihern nur ausnahmsweise gestattet werden; und zwar nur dem Besitzer mehrerer Theater an demselben Ort bei Nichteintreffen eines von mehreren bestellten Films.

Wie bereits bemerkt, ist für den Fall des Pendelns, als einer unberechtigten Benutzung eines Films in einem Theater, für welches er nicht gepachtet ist, eine Vertragsstrafe festgesetzt. Es würden sonst die §§ 550 u. 553 BGB. und, was die Haftung des Hauptpächters für Verschulden des Unterpächters anbelangt, § 549 Abs. 2 Platz greifen, wodurch aber die Interessen des Verleihers nicht genügend geschützt sind; auf Grund dieser Bestimmungen könnte der Verleiher auch nur gegen seinen Pächter, nicht gegen den Unterpächter, mit dem er in keinem vertraglichen Verhältnis steht, vorgehen.

Einen wirksameren Schutz gewährt dem Verleiher hingegen das Kunstschutzgesetz[1]), welches im § 31 die Bestimmung ent-

[1]) Gesetz betr. das Urheberrecht an Werken der bildenden Künste und der Photographie v. 9. 1. 1907, in der ihm durch Art. III des Ges. v. 22. 5. 1910 zur Ausführung der revidierten Berner Übereinkunft v. 13. 11. 1908 gegebenen Fassung.

hält, daß, wer vorsätzlich oder fahrlässig unter Verletzung der ausschließlichen Befugnis des Urhebers ein Werk vervielfältigt, gewerbsmäßig verbreitet oder gewerbsmäßig mittels mechanischer oder optischer Einrichtungen vorführt, dem Berechtigten zum Ersatze des daraus entstehenden Schadens verpflichtet ist. Der gewerbsmäßigen Vorführung steht, soweit die Kinematographie oder ein ihr ähnliches Verfahren angewandt wird, die öffentliche Vorführung gleich.

Dieser Paragraph bietet dem Verpächter eine Handhabe nicht nur gegen den Pächter des Films, sondern auch gegen jeden, der ihn ohne seine Einwilligung öffentlich vorführt.

§ 32 desselben Gesetzes bedroht ferner mit Geldstrafe bis 3000 Mk. die unberechtigte vorsätzliche öffentliche Vorführung eines Films.

§ 30.

Haftung.

(Nr. 5 der Bedingungen.)

Bei Miet- und Pachtverträgen stellt das Gesetz eine Haftung für vorsätzliches und fahrlässiges Verschulden auf, falls die Parteien die Schadenshaftung nicht anders regeln. Eine solche Regelung weist die Nr. 5 der Bedingungen auf: sie bestimmt eine Haftpflicht des Pächters, ohne daß ein Verschulden seinerseits vorzuliegen braucht, und diese Haftung erstreckt sich auch auf sein Personal, sowie auf andere nicht angestellte Personen. Die Haftung beginnt nach Eintreffen des Films beim Besteller, sie erstreckt sich auf das Abhandenkommen, auf Beschädigungen und auf Verbrennen und wird nur durch den vom Pächter zu erbringenden Nachweis der „höheren Gewalt" ausgeschlossen.

Es erübrigt sich, an dieser Stelle auf den Begriff der höheren Gewalt, der in früherer Zeit in der Rechtswissenschaft sowohl wie in der Praxis der Gerichte nicht unbestritten war, der indessen heute durch die Fassung moderner Gesetze und durch Theorie und Praxis wohl als geklärt gelten kann, näher einzugehen; es sind darunter zu verstehen Naturereignisse und andere unabwendbare Zufälle, die auch bei Anwendung aller

Vorsicht und Aufmerksamkeit nicht voraussehbar und selbst mit allen zu Gebote stehenden Mitteln nicht abzuwenden waren.

Abs. 2 der Nr. 5 „Reklamationen" entspricht einer im kaufmännischen Verkehr vielfach üblichen Klausel und bietet keine Besonderheiten. Der dritte Absatz behandelt einen Sonderfall der Beschädigung des Films, nämlich das Herausschneiden einzelner Teile der Szenen aus dem Bildstreifen. Es soll dies nur im Falle der Notwendigkeit gestattet sein: zu denken ist hierbei namentlich an Anordnungen lokaler Zensurbehörden; die Rückgabepflicht ausgeschnittener Filmteile ist etwas Selbstverständliches, denn der Verpächter ist ja Eigentümer, sowohl des Ganzen wie auch der Teile.

Diese Haftung des Pächters für ordnungsmäßige Behandlung der Pachtsache entspricht durchaus dem Gesetz, desgleichen, daß dem Pächter eine Schadenshaftung für Handlungen seiner Angestellten auferlegt ist (vgl. BGB. § 278).

§ 31.

Behandlung der Films.

(Nr. 6 der Bedingungen.)

Da die mehr oder weniger sachgemäße Behandlung, namentlich während der Vorführung, und die ordnungsmäßige Beschaffenheit der Vorführungseinrichtungen selbst für die Lebensdauer des Films von einschneidender Bedeutung sind, ist es nicht zu verwundern, wenn in den Lieferungsbedingungen darauf ein besonderes Gewicht gelegt wird, und wenn dem Verpächter ein durch einen anerkannten Fachmann auszuübendes ständiges Kontrollrecht eingeräumt wird, welches ihm aus dem Gesetz nicht ohne weiteres zustehen würde. Verweigerung der Kontrolle oder Nichtbeseitigung festgestellter Mängel berechtigt den Verpächter, die weitere Benutzung seiner Films zu untersagen und weitere Lieferungen zu verweigern.

Nach § 548 BGB. hat der Mieter Veränderungen oder Verschlechterungen der gemieteten Sache, die durch den vertragsmäßigen Gebrauch herbeigeführt werden, nicht zu vertreten;

dies gilt natürlich auch für den Filmpachtvertrag, so daß die natürliche Abnutzung des Films zu Lasten des Verpächters geht.

Der Verpächter hat außerdem nach § 536 BGB. die Pflicht der Erhaltung der Pachtsache (die Sondervorschriften des § 582 gelten nur bei Pacht landwirtschaftlicher Grundstücke), die sich in einer Aufbesserungspflicht, in einer Neuleistungspflicht oder in der Pflicht der Beseitigung von Störungen äußern kann. Im Filmpachtverkehr dürfte sie bei der regelmäßig nur kurzen Dauer der Gebrauchsüberlassung kaum in Erscheinung treten. Von größerer praktischer Bedeutung ist hingegen § 547 Abs. 1 Satz 1, wonach die auf die Sache gemachten notwendigen Verwendungen zu Lasten des Vermieters gehen. Zu denken wäre z. B. an das Ausbessern eines schadhaften Films durch den Mieter, an die Kosten der Einholung der Zensurerlaubnis usw.

Abs. 2 der Nr. 6 bezieht sich auf eine besondere technische, die Films schädigende Behandlung, die untersagt sein soll.

§ 32.

Rücksendung, Abzüge, Differenzen.

(Nr. 7—8 der Bedingungen.)

Die Rück- bezw. Weitersendungmodalitäten bedürfen als rein tatsächlicher Art keiner juristischen Erläuterung. Die etwaige Schadenshaftung des Pächters ist bereits durch Gesetz festgelegt (vgl. die Bemerkungen in § 28 S. 69 bezüglich der Spielzeit).

Die Frage, ob bei Spielunmöglichkeit der Pächter zur Zahlung des Pachtzinses verpflichtet ist, ist bereits in § 25 S. 61 ff. geprüft worden.

Die Nr. 8 der Bedingungen unterscheidet drei Fälle:

1. Der Betrieb des Theaterbesitzers ruht oder der Film kann nicht vorgeführt werden aus Gründen, die ausschließlich den Pächter angehen, z. B. bauliche Änderungen im Theater, Maschinendefekt, Erkrankung seiner selbst oder von Hilfspersonen usw. Die Folgen der Nichtausübung seines Gebrauchsrechts treffen den Pächter.

2. Allgemeine behördliche Spielverbote, die der Einwirkung beider Parteien entrückt sind, treffen den Verpächter und gestatten dem Pächter, den Pachtzins zurückzuhalten. Gedacht ist hierbei an Spielverbote an gewissen Feiertagen, so am Karfreitag, am Bußtag.

3. Über Schließung des Theaters infolge höherer Gewalt vgl. S. 62. Zu den Fällen höherer Gewalt würden zählen: Feuer Blitzschlag, Erdbeben, kriegerische Ereignisse, Einsturz durch Überschwemmung usw. Was die Möglichkeit der Beseitigung der Folgen des Ereignisses anbelangt, so wird hierbei der Einzelfall und Treu und Glauben eine Rolle zu spielen haben.

Durch Abs. 2 der Nr. 8 soll jedes Zurückbehaltungsrecht, welches dem Pächter aus § 273 BGB. oder aus §§ 368 ff. HGB. zustehen könnte, ausgeschlossen sein. Hierzu ist nichts Besonderes zu bemerken; die Parteien sind natürlich in der Lage, solche Sonderabreden zu treffen.

Die Nrn. 9 u. 10 der Bedingungen bieten gleichfalls keinen Anlaß zu besonderen Bemerkungen.

Schlußwort.

Es könnte die Frage auftauchen, ob und inwieweit neben diesen von den beiden Organisationen festgelegten Normalbedingungen noch Raum für Sonderabmachungen frei bleibt. Solche wären zunächst zulässig bei allen denjenigen Punkten, die derartiger Sonderregelung absichtlich offen gelassen sind mit der Wendung: „soweit nicht anderes bestimmt ist“ oder ähnlicher Worte. Sodann müßten wohl alle solche Sonderfragen, welche in den Normalbedingungen absichtlich nicht berührt sind, die aber möglicherweise im Einzelfalle in Erscheinung treten können, auch durch Sonderabmachungen geregelt werden dürfen. Es ist eben ausgeschlossen, daß ein auch noch so kasuistisch abgefaßter Vertragsentwurf sämtliche nur denkbaren Möglichkeiten, die das wechselvolle Leben schafft, in seinen Bestimmungen erfaßt. Die Einzelregelung wird jedenfalls alsdann in demselben Sinn und Geist zu treffen sein, der aus den Grundbestimmungen herausleuchtet.

Allgemeine Bezugsbedingungen.

Vereinbart zwischen dem Zentralverband der Filmverleiher Deutschlands e. V. und dem Reichsverband Deutscher Lichtspieltheaterbesitzer e. V., beide Berlin.

1. Zahlung: Ist der Betrag für die Aufführungsrechte nicht vor Absendung des Films im Besitze der Verleihfirma, so wird der Rechnungsbetrag durch Nachnahme erhoben. Die Verleihfirma darf ohne schriftliches Einverständnis des Bestellers nur solche Nachnahmen erheben, die sich auf die vorliegende Filmsendung beziehen.

Reklamematerial wird unter Zugrundelegung der vom Zentralverband der Filmverleiher Deutschlands e. V. und Reichsverband Deutscher Lichtspieltheaterbesitzer e. V., beide in Berlin, festgelegten Mindestsätze berechnet. Das Reklamematerial ist in gutem, reinlichem und brauchbarem Zustande anzuliefern. Bei Beschädigung oder unvollkommener Zurücklieferung des Reklamematerials erfolgt Berechnung der betreffenden Stücke zum Selbstkostenpreis.

Erfüllungsort für beide Teile ist der Geschäftssitz der Verleihfirma.

2. Versand: Die Verleihfirma hat die Films rechtzeitig abzusenden. Für verspätete oder unterbliebene Absendung haftet die Verleihfirma, sofern sie nicht nachweisen kann, daß sie kein Verschulden trifft. Bei Verschulden verzichtet die Verleihfirma bis zum Eintreffen des Films bezw. bis zur Spielmöglichkeit auf Zahlung der Leihgebühr und vergütet dem Besteller das Doppelte des auf den Tag entfallenden Leihbetrages; weitergehende Schadensersatzansprüche sind ausgeschlossen.

Ist der Film durch Verschulden des Verleihers zu spät eingetroffen, so ist der Besteller berechtigt, von dem Spielen dieses Films zurückzutreten, oder er ist verpflichtet, einen neuen Spieltermin für die nächstfolgenden 8 Wochen aufzugeben, andernfalls steht der Verleihfirma für diesen Film das Rücktrittsrecht zu. Der Besteller hat seine diesbezügliche Erklärung unverzüglich mittels eingeschriebenen Briefes abzugeben.

Die Verleihfirma haftet nicht, wenn Krieg, Landestrauer, Streik, Beschädigung oder Abhandenkommen des Negativs oder Positivs, behördliche Verbote, überhaupt Umstände, welche vom Willen der Verleihfirma unabhängig sind, die Lieferung oder die Aufführung verhindern oder verzögern; sie ist in diesem Falle berechtigt, von der Lieferung zurückzutreten.

Der Versand der Films geschieht franko gegen franko.

3. Spielzeit: Die vereinbarten Spieltage sind einzuhalten; zur Gewährung von Nachfristen sind die Parteien nicht verpflichtet. Ist auf Abruf bis zu einem bestimmten Termin bestellt, so wird die Leihgebühr mit

Ablauf desselben fällig, auch wenn der Film nicht abgerufen oder gespielt worden ist.

Endgültige Zensurverbote heben die Bestellung auf.

Sind für Films bestimmte Daten festgesetzt, die nicht bestätigt werden können, so sind die Parteien verpflichtet, innerhalb 14 Tagen neue Spieltermine zu vereinbaren.

4. Benutzung: Der Film darf nur in dem Theater benutzt werden, für das die Aufführungsrechte erworben sind. Befinden sich an einem Orte mehrere Theater in einem Besitz, so sind bei nicht rechtzeitigem Eintreffen eines Films Ausnahmen unter sofortiger telegraphischer Benachrichtigung an die Verleihfirma gestattet.

Zuwiderhandlung verpflichtet den Besteller zur Zahlung einer Strafe von 500 Mark für jeden einzelnen Fall und Film, wobei die Geltendmachung eines etwaigen höheren Schadens vorbehalten bleibt.

5. Haftung: Nach Eintreffen des Films beim Besteller haftet dieser für Abhandenkommen und Beschädigungen, sowie für Verbrennen, ohne Rücksicht auf Verschulden und höhere Gewalt, sofern er die letztere nicht nachweist.

Reklamationen müssen ohne schuldhaftes Zögern sofort nach Feststellung der Mängel gemacht werden, andernfalls haben sie keine Geltung.

Besteller haftet für sich und seine Angestellten dafür, daß aus den Films weder Titel noch Szenen ausgeschnitten werden, und verpflichtet sich zum Schadensersatz in Höhe des Ersatzwertes, jedoch nicht über 1,50 Mark pro Meter, sofern nichts anderes vereinbart worden ist. Notwendig gewordene größere Ausschnitte müssen der Verleihfirma zurückgeliefert werden.

6. Behandlung der Films: Der Besteller hat den Film auf einer einwandfreien Maschine laufen zu lassen. Dieserhalb unterwirft er sich der Kontrolle eines Fachmannes, der vom Zentralverband der Filmverleiher Deutschlands e. V. ernannt und vom Reichsverband Deutscher Lichtspieltheaterbesitzer e. V. anerkannt ist. Ist durch diesen die schlechte Behandlung der Films festgestellt oder ist ihm der Zutritt verweigert worden, dann kann die weitere Benutzung des Films von der Firma untersagt bezw. verweigert werden. Die Verleihfirma ist von weiterer Lieferung entbunden, wenn die festgestellten Mängel nicht beseitigt werden.

Die Anwendung jeder Art Ölverfahrens ist streng untersagt.

7. Rücksendung: Der Besteller hat den Film am letzten Spieltage sofort nach der Vorstellung frei per Post „Eilbote dringend“ oder per Bahn als „Expreßgut“ mit den ihm übergebenen Versandpapieren an die ihm von der Verleihfirma aufgegebene Adresse, oder, falls ihm keine Adresse aufgegeben, an den Verleiher abzusenden. Bei nicht rechtzeitiger Rücksendung haftet der Besteller der Verleihfirma für jeden Schaden, der derselben hieraus entsteht.

Nicht zurückgesandte Kisten, Blechkästen, Kartons und sonstige Emballagen werden zum Selbstkostenpreis berechnet.

Die Verpackung der Films für die Rück- oder Weiterreise hat auf das sorgfältigste zu geschehen.

Das Reklamematerial ist, wenn nicht anders bestimmt, an die Verleihfirma zurückzusenden.

In größeren Städten, wo Verleiher und Theaterbesitzer am gleichen Orte wohnhaft, muß der Film beim Verleiher abgeholt und wieder an ihn zurückgeliefert werden. Der Theaterbesitzer ist berechtigt, den Film spätestens eine Stunde vor Beginn der Spielzeit zu verlangen, und ist verpflichtet, ihn bis mittags 12 Uhr abzuliefern.

8. **Abzüge:** Abzüge für Tage, an denen der Betrieb ruht oder der Film nicht aufgeführt werden kann, sind unzulässig. Für Tage, an denen allgemein behördliche Spielverbote bestehen, darf die Leihmiete gekürzt werden. Wird das Theater infolge höherer Gewalt nicht länger als 3 Monate geschlossen, so verlängert sich die Abnahmefrist um diese Zeit; darüber hinaus entbindet sie die Parteien.

Die Films sind, wie der Besteller anerkennt, freies Eigentum der Verleihfirma. Der Besteller darf an den Films weder ein Zurückbehaltungsrecht geltend machen, noch sie mit Nachnahme belasten.

9. **Differenzen:** Bei Streitigkeiten bleibt es dem Kläger überlassen, das Schiedsgericht der Branche am Orte der Verleihfirma, bezw. das nächstgelegene oder die ordentlichen Gerichte am Orte der Verleihfirma anzurufen.

10. Vorstehende Bestimmungen gelten vom 15. November 1918 ab für alle Beziehungen zwischen den Parteien.

Buchdruckerei von Robert Noske in Borna-Leipzig.

FSC
www.fsc.org
MIX
Papier | Fördert gute Waldnutzung
FSC® C083411

Kolibri 360 GmbH
Ferdinand-Jühlke-Straße 7
99095 Erfurt, Deutschland
produktsicherheit@kolibri360.de